AF229894

LA COMPAGNIE UNIVERSELLE

DU

CANAL MARITIME DE SUEZ

CONTRE

le JOURNAL DES TRAVAUX PUBLICS, etc.

DOCUMENTS DIPLOMATIQUES

SUR

L'ISTHME DE SUEZ

Précédés d'une NOTE INTRODUCTIVE.

Extrait du LIVRE JAUNE

PARIS

IMPRIMERIE CENTRALE DES CHEMINS DE FER

A. CHAIX ET Cie

RUE BERGÈRE, 20, PRÈS DU BOULEVARD MONTMARTRE

1867

DOCUMENTS

DIPLOMATIQUES

SUR

L'ISTHME DE SUEZ

Précédés d'une NOTE INTRODUCTIVE

Extrait du **LIVRE JAUNE**.

PARIS

IMPRIMERIE CENTRALE DES CHEMINS DE FER

A. CHAIX ET Cie,

RUE BERGÈRE, 20, PRÈS DU BOULEVARD MONTMARTRE.

1867

NOTE INTRODUCTIVE.

Le 6 juillet 1864, la sentence arbitrale de l'Empereur des Français mettait un terme aux différends graves qui s'étaient élevés entre S. A. Ismaïl, vice-roi d'Égypte, et la Compagnie universelle du canal maritime de Suez, sur la valeur et la portée de la concession conférée à cette Compagnie par le feu vice-roi Mohammed-Saïd. Une régularisation importante restait toutefois à poursuivre et à réaliser.

C'était l'acte d'autorisation et de sanction qu'un rescrit annexé aux firmans de concession et émanant du chef du gouvernement égyptien avait réservé au Sultan, son suzerain.

Conformément aux ordres de l'Empereur et sur les instructions de M. Drouyn de Lhuys, son ministre des affaires étrangères, M. le marquis de Moustier, alors ambassadeur de France auprès du

Sultan Abdul-Aziz, entama avec la Sublime Porte et conclut cet arrangement.

Sous le titre : Isthme de Suez, les dépêches diplomatiques auxquelles a donné lieu cette négociation ont été publiées par le Gouvernement dans le *Livre jaune*, distribué aux deux chambres à l'ouverture de la session actuelle (1867), et reproduit ensuite par *le Moniteur*.

Cette correspondance, composée de trente-neuf dépêches échangées entre le ministre des affaires étrangères, le représentant de l'Empereur Napoléon à Constantinople et l'agent et consul général de France en Égypte, embrasse une période commençant au 25 janvier 1865, finissant au 5 avril 1866 (quatorze mois).

Dans le cours de cette période, le 13 août 1865, le *Journal des Travaux publics* engageait contre la Compagnie universelle cette polémique et cette série de manœuvres qui se sont succédé systématiquement et sans trêve jusqu'en juillet 1866 (onze mois), et ont amené, contre leurs auteurs, le jugement de la première chambre du Tribunal civil de la Seine, duquel ils appellent à la Cour.

Cette longue campagne avait pour objet de discréditer la Compagnie, de semer l'épouvante parmi les actionnaires, et par là de pousser l'entreprise à sa dissolution et à sa ruine.

Les premières attaques ont pris pour prétexte un ajournement de l'assemblée générale, occasionné par le départ soudain du Président pour l'Égypte, et la prolongation de son séjour dans l'isthme, dont les ateliers envahis par le choléra étaient menacés d'une désorganisation totale. (Voir au mémoire de la Compagnie, coté 1, la note 11, page 7.)

Sur cet ajournement, les appelants inventèrent et publièrent les bruits les plus faux. Le choléra n'était pour rien dans l'absence de M. de Lesseps. Les motifs attribués à son voyage étaient la nécessité d'aller recueillir en Égypte les documents destinés à dévoiler l'état désastreux de la Compagnie, à colorer l'aveu de l'impuissance et de l'incapacité de la direction, et à motiver une demande d'augmentation du fonds social qui devait être présentée à la prochaine assemblée générale.

L'assemblée générale, ajournée du 1er août 1865 au 5 octobre suivant, se réunit, en effet, à cette dernière date. Cette séance, le rapport du Conseil d'administration, ses propositions, les résolutions prises par l'assemblée anéantirent tous les faux bruits répandus par le *Journal des Travaux publics*, et lui démontrèrent que ses manœuvres n'avaient en rien troublé cette confiance des actionnaires contre laquelle étaient venues successivement échouer toutes les hostilités.

Pour arriver au but si désiré, il fallait dresser de nouvelles batteries, c'est-à-dire inventer d'autres fictions.

Le rapport du Conseil d'administration à l'assemblée générale du 5 octobre en fournit la matière.

En ce moment, la sentence arbitrale de l'Empereur était rendue, mais le firman d'autorisation de la Porte, qui en était le complément pour la Turquie, n'était pas encore obtenu.

Le rapport exposant l'état de la question rappelait qu'après la sentence et à propos de la sentence, le *Compte rendu de la situation de l'Empire* distribué dans la session précédente aux deux chambres, contenait sur l'affaire du canal de Suez un passage spécial terminé par les paroles qui suivent :

« La sentence de Sa Majesté a été portée à
» la connaissance du Gouvernement ottoman ; la
» Sublime Porte n'a fait aucune difficulté pour
» reconnaître que, par cet acte, *les diverses con-*
» *ditions à l'accomplissement desquelles la Tur-*
» *quie avait subordonné sa sanction se trouvaient*
» *remplies.* »

Après cette citation, le rapport reprenait en ces termes :

« Nous espérons donc n'avoir plus à nous oc-
» cuper à l'avenir, dans l'exposé de notre situa-

» tion générale, de questions politiques que, bien
» à contre-cœur, nous étions obligé de traiter
» dans nos précédentes réunions.

. . . .

» *C'est au gouvernement de l'Empereur qu'il*
» *appartient*, vis-à-vis des autres gouvernements,
» *de faire exécuter la sentence arbitrale souve-*
» *raine et sans appel.* C'est à l'administration de
» la Compagnie qu'il appartient de bien gérer
» vos affaires, de conduire les travaux de façon à
» vous satisfaire et à satisfaire aussi l'opinion
» publique justement impatiente, » etc.

Comme on le voit, le président, tout en laissant apercevoir l'avenir prochain de la solution,
gardait cependant, et c'était son devoir, une
grande réserve sur les négociations entamées depuis plusieurs mois à Constantinople par le Gouvernement français.

Cette réserve même excita quelque inquiétude
ou au moins quelque hésitation parmi certains
membres de l'assemblée ; et, dans le cours de la
discussion qui suivit le rapport, des interpellations
nombreuses furent adressées sur ce point à M. F.
de Lesseps. Nous les reproduisons avec les réponses :

1ʳᵉ interpellation.

« UN ACTIONNAIRE. — Pourriez-vous nous

donner quelques explications *sur le firman que nous attendons et qui ne vient pas ?*

» M. LE PRÉSIDENT. — Le rapport vous a fait connaître comment les questions pendantes avaient été résolues par la sentence impériale. Quant à la ratification de la Turquie, avant la sentence, le vice-roi d'Égypte ne s'est présenté devant l'arbitre souverain que muni de l'autorisation de la Turquie, ainsi qu'il est constaté dans l'acte constitutif de l'arbitrage ; après la sentence, la Porte Ottomane a déclaré au gouvernement français que toutes les conditions auxquelles elle avait subordonné cette ratification étaient remplies par la sentence, et le gouvernement français a enregistré cette déclaration dans un document officiel. Nous avons donc, sous la garantie du gouvernement français, l'acceptation de la Turquie. *En ce qui touche à la partie de la sentence qui concerne la politique et l'entente avec les gouvernements étrangers, ce n'est pas à nous,* ainsi que vous l'a fait observer le rapport, *que le soin de son exécution appartient ; il appartient au gouvernement de l'Empereur.* (Très-bien ! très-bien !)

» Le meilleur moyen de donner satisfaction à la question qui m'a été adressée est de vous reproduire la réponse qui nous a été faite à M. le duc d'Albuféra et à moi, lorsque nous avons été appelés devant la commission chargée par l'Em-

pereur de préparer la décision impériale. Nous
avons demandé au président de cette commission,
M. Thouvenel, si, après la signature du compro-
mis, le firman d'autorisation serait la conséquence
du jugement rendu; et M. Thouvenel nous a répondu que, pour douter de la délivrance du firman après la sentence rendue, il faudrait douter
de la parole de l'Empereur et de la puissance de
la France. (Bravo ! bravo !)

» Voilà, Messieurs, le programme de notre
conduite tout tracé. »

2ᵉ interpellation.

« UN ACTIONNAIRE. — Tout en comptant sur
le gouvernement français, qui ne manquera certainement pas de faire exécuter la sentence de
l'Empereur, ne pourrait-on pas demander *à quoi
tient la difficulté d'obtenir le firman. Ce firman,
dont l'absence est si nuisible au cours de nos actions,* dépend-il du mauvais vouloir de l'Angleterre ou d'autres motifs ?

» M. LE PRÉSIDENT. — Il ne m'est pas permis
de parler de choses qui ne me regardent pas.
Les questions politiques nous sont étrangères.
Nous sommes une compagnie commerciale, res-
tons ce que nous sommes, et laissons au Gouvernement le soin de traiter les questions interna-

tiônales. La Turquie peut vouloir plus ou moins temporiser par ménagement pour certaines susceptibilités qui s'affaiblissent de jour en jour; n'a-t-elle point déjà fait connaître directement à l'Empereur son acquiescement à la sentence? C'est là le point capital, le fait péremptoire. *Le reste viendra.*

» *La France est assez forte,* Dieu merci! *pour faire respecter son droit et les engagements pris envers ses nationaux.* (Bravo!)

» Faisons notre affaire et soyons assurés que *le gouvernement de l'Empereur fera la sienne.* » (Applaudissements redoublés.)

Les interrogations dans le sein de l'assemblée se croisent et se multiplient dans le même objet. Citons-les rapidement :

« UN ACTIONNAIRE. — J'ai entendu dire que *le firman était subordonné* à la nomination d'une commission qui serait chargée de limiter les terrains et qui serait composée d'un membre nommé par le Gouvernement turc, d'un autre par le vice-roi d'Egypte et d'un troisième par la Compagnie. »

. . . .

« UN ACTIONNAIRE. — Pourtant *l'absence du firman est fâcheuse au point de vue de la cote de nos actions.* »

. . . .

« Un actionnaire. — Nous devrions exprimer le vœu que d'ici à un an, *le gouvernement français obtienne ce firman*, conséquence nécessaire de la sentence impériale. »

. . . .

« Un actionnaire. — *Il y a de l'inquiétude, parce que cette question du firman est toujours douteuse.*

» M. le président. — Comment, douteuse? Est-ce qu'elle n'a pas été tranchée par la sentence impériale? Est-ce que cette sentence vous laisse quelque chose à craindre? *Ayez plus de confiance dans le Gouvernement de votre pays.* (Bravo! bravo! applaudissements prolongés.)

» Un actionnaire. — Mais enfin, y a-t-il des négociations pendantes?

» M. le président. — Notre Compagnie est commerciale et non politique. Occupons-nous de notre affaire et *laissons au Gouvernement le soin de s'occuper de la sienne.* Y a-t-il des négociations pendantes? *Je ne puis rien vous dire à cet égard.* Elles se passent en dehors de moi, *je ne les connais pas, ou, si je les connais, je ne puis pas les révéler.* » (Bravo! bravo! vifs applaudissements).

Ainsi, d'un côté, vives et insistantes préoccupations des actionnaires sur le retard qu'éprouvait l'expédition du firman et sur l'influence dépressive qu'ils attribuaient à ce retard pour la valeur de leurs actions à la Bourse ; d'un autre côté, discrétion obligée de M. de Lesseps sur des négociations pendantes, avec affirmation de sa part que le gouvernement français s'occupait de la solution et la conduirait à bien, déclaration qui rassurait et satisfaisait si complétement l'assemblée qu'à l'instant même elle adoptait par acclamation un vote d'approbation et de remerciments au conseil et au président-directeur.

Il suffira de parcourir les dépêches diplomatiques faisant suite à cette note, pour avoir la démonstration de la stricte vérité des affirmations du président.

Après avoir lu et médité le compte rendu officiel de la séance du 5 octobre 1865, publié entre le 12 et le 15 du même mois (1), le *Journal des Travaux publics* fait ce simple calcul :

Malgré le caractère souverain de la sentence impériale, l'assemblée s'est montrée inquiète sur l'octroi du firman ; quelques-uns de ses membres ont signalé ces incertitudes comme une cause de baisse dans le prix de leurs titres ; elle n'a été rassurée que par les protestations de M. de Lesseps sur l'intervention active du gouvernement français auprès de la Porte Ottomane. Voilà le

---

(1) *Isthme de Suez*, n° du 12-15 octobre.

côté vulnérable par lequel la place peut maintenant être efficacement attaquée, c'est-à-dire la perturbation entretenue ou renouvelée dans les esprits. C'est une besogne facile. Il n'y a qu'à démentir les attestations de M. Ferd. de Lesseps, publier, répéter, soutenir envers et contre tous que le Gouvernement déserte l'exécution de sa sentence, que ses devoirs envers le pays lui imposent une abstention nécessaire, et que la Compagnie est abandonnée à elle-même et au mauvais vouloir de la Turquie.

Voilà le plan de la seconde campagne tel qu'il a été exactement suivi.

En effet, le 19 octobre, quatre ou cinq jours après la publication de la séance du 5, le *Journal des Travaux publics* entrait en lice hardiment par les protestations qu'on va lire :

« *Quant à l'attitude qu'on s'efforce d'attribuer*
» *au gouvernement français,* dans l'affaire du ca-
» nal de Suez, *nous nous élèverons toujours pour*
» *protester avec énergie contre cette prétention* de
» l'entourage de M. de Lesseps, tendant à faire
» croire *que notre gouvernement soit initié à la*
» *situation de la Compagnie et agisse de concert*
» *avec elle.*

. . . .

« Que M. de Lesseps ait eu *de grandes auda-*
» *ces* et *y soit toujours enclin,* cela est évident.

» Qu'il ait pu rêver *d'entraîner et de compro-*
» *mettre le gouvernement français* à l'occasion de
» son entreprise, c'est notre opinion personnelle.

» Mais que le gouvernement français soit plus
» disposé que celui d'Italie à suivre les projets de
» M. de Lesseps, c'est ce que nous ne saurions
» admettre, et il est évident que le gouvernement,
» mieux éclairé que qui que ce soit sur la mesure
» de ses devoirs, *ne fait rien et ne saurait rien*
» *faire.*

» Le gouvernement impérial *a poussé jusqu'à*
» *la dernière limite* les procédés de la bienveillance
» dont il entourait cette entreprise. Il faut être
» bien *présomptueux et insensé pour supposer qu'on*
» *ferait revivre la question d'Orient pour complaire*
» *à M. de Lesseps* et à ses admirateurs.

» Nous ne saurions trop le répéter, si jamais
» il fallait défendre la Compagnie, ses droits et
» ses prétentions, notre gouvernement n'oublie-
» rait pas que l'intérêt de la Société *n'est point*
» *exclusivement français ;* qu'il s'agit d'une *entre-*
» *prise universelle, conçue,* présentée, *organisée*
» comme telle.

» *La France n'interviendrait donc pas davantage*
» *contre les gouvernements égyptien et ottoman,* à
» propos *de la Société de Suez, qu'elle n'intervient*
» *et qu'elle n'interviendra à propos du chemin de*
» *fer de l'Ouest suisse,* de la ligne dite d'Italie,

» du Séville-Xérès-Cadix, et *de tant d'autres*
» *affaires déplorables*, où les intérêts français,
» *malheureusement engagés, seraient bien plus*
» *fondés* à réclamer l'appui du Gouvernement de
» notre pays, *si dans ces affaires, comme dans*
» *celle de Suez, les directions des Compagnies ne*
» *s'efforçaient pas de faire du mauvais vouloir des*
» *administrations étrangères le bouc émissaire de*
» *leurs propres fautes.*

» E.-P. DE CHABAUD. »

Quelques jours après la date de cet article, au commencement de novembre, le président de la Compagnie universelle reçoit une invitation impériale pour prendre part aux fêtes du château de Compiègne. C'était là une faveur fort inopportune pour le succès des alarmes propagées par les passages ci-dessus cités. Elle prenait une signification plus expressive par le fait que M. de Lesseps et l'ambassadeur de Turquie étaient réunis dans le même groupe d'invités. *Le Journal des Travaux publics* ne s'embarrasse pas d'un si mince incident ; il n'hésitera pas, au contraire, à le faire tourner au profit de sa manœuvre. Après son retour à Paris, M. de Lesseps, à la demande qui lui est présentée, donne une conférence sur le canal de Suez dans le local de la rue Scribe. Voici comment, dans son numéro du 30 novem-

bre, le journal interprète l'invitation de Compiègne :

« M. de Lesseps s'est présenté devant un grand
» nombre d'amis, de parents et d'invités, au jour
» fixé et dans le local désigné. En outre, un
» certain nombre de personnes avaient consenti
» à payer leur place *pour savoir si, à son retour*
» *de Compiègne, M. le président* de la Compagnie
» universelle *n'avait pas quelque communication*
» *intéressante à faire au public* pour expliquer le
» but de sa réunion.

» *Nous nous félicitons que le voyage de M. de*
» *Lesseps à Compiègne nous ait valu de sa part*
» *une déclaration. très-considérable à nos yeux :*
» *c'est que désormais la Compagnie du canal de*
» *Suez écarterait toute politique de ses dires, et*
» *consentirait à ne plus être qu'une Compagnie*
» *industrielle, n'ayant à cœur que la poursuite de*
» *sa vaste entreprise.* »

Cette déclaration avait été faite textuellement et
plusieurs fois devant l'assemblée générale du 5 octobre. Peu importe; il était essentiel de donner
à supposer que M. de Lesseps n'avait été appelé
aux honneurs de l'hospitalité souveraine que pour
y subir un échec et s'y voir imposer un désaveu.

Poursuivons toutefois.

Avant la réception de Compiègne, M. de Lesseps, sur le désir exprimé par les personnes les

plus distinguées de Lyon, avait également donné une conférence dans cette ville. Le texte de cette conférence fut publié dans le journal l'*Isthme de Suez* en date du 1er décembre. A propos du firman, devant les actionnaires lyonnais, M. de Lesseps s'exprimait ainsi :

« Ce que je puis affirmer, c'est que le gou-
» vernement de l'Empereur fait tout ce qu'il faut
» pour arriver à une solution convenable : soyez
» à cet égard sans inquiétude. »

A cette nouvelle affirmation, *le Journal des Travaux publics* redouble d'assurance et d'audace. Il faut à tout prix entretenir parmi les actionnaires le germe de défiance et de découragement qu'un instant il y a vu poindre. Il répond le 7 décembre par ce démenti formel et des plus absolus :

« *Malgré ce que M. de Lesseps connaît des dis-*
» *positions qui règnent dans les régions de la*
» *haute administration de France,* — DISPOSITIONS
» QUE NOUS CONNAISSONS COMME LUI-MÊME, — *il*
» *persiste à engager la dignité du pays et celle*
» *du souverain.* Il est vrai que cela se passe à
» Lyon, *avant l'hospitalité qu'il allait recevoir*
» *au palais de Compiègne.*

» *Cette nouvelle bouffée de vanité sera,* croyons-
» nous, *la dernière* qui signalera la carrière oratoire
» de M. de Lesseps.

» **Dans** la conférence qu'il a tenue à **Paris,** *après*
» *son retour de Compiègne,* le grand agitateur de
» l'entreprise de Suez a été plus modeste; disons
» vrai, il a été *tout penaud.* Le public d'élite qui
» se pressait autour de lui, et qui avait entendu
» jadis ses expositions pleines d'assurance, s'éton-
» nait de le voir si hésitant et si embarrassé. Ah!
» il n'était plus question, dans ce discours fait
» à Paris, ni de politique, ni du Gouvernement,
» *ni des canons de la France pour soutenir l'œuvre*
» *de M. de Lesseps...*

» *Nous avons été vrai d'un bout à l'autre dans*
» *ce travail... »*

Enfin, après une longanimité que le journal, à
ce qu'il paraît, croyait inépuisable, la Compagnie
engage une poursuite. Le 10 décembre, en annonçant cette poursuite, il fait vibrer encore la
même corde, l'imposture qu'il persiste à imputer
à M. de Lesseps.

« Nous attendons ce débat (le procès) comme
» publiciste et comme citoyen... Il en sortira que
» la France et *son glorieux Gouvernement* n'ont au-
» *cune solidarité* avec *l'incapacité et l'orgueilleuse*
» *impuissance de M. de Lesseps* et de ses amis.

» Il en sortira la preuve que *M. de Lesseps,*
» *après avoir cherché à compromettre le Gouverne-*
» *ment de son pays,* le corps des ponts et chaussées
» et les Chambres de commerce, s'avise aujourd'hui

» de vouloir compromettre la justice en essayant
» de couvrir de son autorité les promesses de
» son nouveau programme.

» Nous sommes donc fiers de ce procès, et
» *nous n'aurons rien à regretter de la part*
» *qui nous y est réservée.* »

La substance et l'objet calculé de ces divers
passages peuvent exactement se résumer ainsi :

En se disant assuré de l'appui du Gouvernement français pour résoudre la question du firman,
M. de Lesseps trompe sciemment le public et ses
actionnaires.

Aucune action commune, aucun concert n'exis-
tent entre le Gouvernement et la Compagnie.

Le gouvernement, éclairé sur la mesure de ses
devoirs, ne fait rien et ne saurait rien faire.

M. de Lesseps n'a été invité à Compiègne que
pour y recevoir cette signification.

Nous savons que le gouvernement abandonne
la Compagnie et ne poursuivra pas jusqu'au
bout l'exécution de la sentence de l'Empereur,
l'accomplissement des promesses qu'il a reçues de
la Turquie. M. de Lesseps le sait comme nous,
et il persiste à engager la dignité du pays et du
souverain.

M. de Lesseps ne cherche qu'à compromettre
le Gouvernement de son pays.

Toute immixtion de la France dans cette affaire

du firman mettrait le feu aux quatre coins de la question d'Orient, et déjà M. de Lesseps avait fait appel aux canons de la France.

Un mot sur ce dernier point, et il suffira pour donner une première mesure de la sincérité de ces indignations.

Ces clameurs se succèdent du 19 octobre au 10 décembre 1865. La demande du firman par notre Ambassadeur serait la torche incendiaire du monde. A la fin de ce même mois de décembre, le bruit prématuré circule que tout est à peu près conclu à l'endroit de ce formidable firman, et, le 4 janvier, le *Journal des Travaux publics*, en annonçant le fait, l'accompagne de ces paroles :

« *Nous n'avons jamais douté de l'acquiescement* » *du Gouvernement de Constantinople.* »

Alors, pourquoi, pendant deux mois, avoir accusé M. de Lesseps d'allumer les canons de la France et d'aller évoquer dans sa tombe la question d'Orient ?

Cependant, dès le mois de février 1865, *huit mois* avant les démentis bruyants et répétés infligés par le journal aux affirmations de M. de Lesseps, s'entamait la négociation que nous avons indiquée au début de cette note. Les pièces relatives à cette négociation en sont l'historique et comme le miroir. Nous les soumettons dans leur entier à la Cour. Elle voudra les lire d'abord parce que par leur tact, leur noblesse, leur modération conciliante, caractère de l'intelligente fermeté, elles font un égal honneur à notre Gouvernement et à l'éminent diplomate qui le représentait, ensuite parce qu'elles sont la plus accablante démonstration d'un des éléments principaux de ce procès, la mauvaise foi du *Journal des Travaux publics.*

Toutefois, nous croyons utile de concentrer ici, à côté du mensonge inspiré par le désir de nuire, les traits les plus saillants de la vérité officiellement constatée.

EXTRAITS.

M. Drouyn de Lhuys, Ministre des Affaires étrangères,

A M. le Marquis de Moustier, Ambassadeur de France à Constantinople.

Paris, 10 février 1865.

« Le Conseil de l'administration de la Compa-
» gnie a adressé à l'Empereur une pétition par
» laquelle *il sollicite l'intervention du Gouverne-*
» *ment de Sa Majesté auprès de la Porte,* à l'effet
» *d'obtenir* sans plus de retard *le firman* qui au-
» torisera et régularisera la concession.

» *Je me conforme aux intentions et aux ordres*
» *de l'Empereur* en vous priant, monsieur le Mar-

» quis, *de vous rendre*, auprès du Grand Vizir et
» du Ministre des affaires étrangères du Sultan,
» *l'organe de cette demande au succès de laquelle*
» *Sa Majesté attache un intérêt particulier.*

» . . . . Les conditions auxquelles le Gou-
» vernement ottoman avait subordonné son autori-
» sation sont remplies. Il n'y a plus pour lui aucun
» motif d'ajourner l'accomplissement de l'assurance
» qu'il nous a donnée à cet égard, et dont *la non*
» *réalisation tient en souffrance les intérêts consi-*
» *dérable sengagés dans cette grande entreprise.*

. . . .

» Je me plais à espérer que les ministres du Sultan
» ne se refuseront pas à reconnaître que cette ma-
» nière de procéder (1) est à la fois la plus simple
» et la plus facile. Elle ne porte aucune atteinte à
» la dignité ni aux intérêts de personne. Elle a l'a-
» vantage de mettre fin par un acte de la Sublime
» Porte *à des complications qui, en se prolongeant,*
» *risqueraient d'altérer les relations amicales* que
» nous avons à cœur de conserver avec le Gouver-
» nement ottoman.

» M. de Lesseps se propose de se rendre à
» Constantinople par la voie de Vienne et du Da-

---

(1) Dans les lignes précédentes, M. le ministre indique
un mode de rédaction qu'il juge le plus acceptable pour
toutes les parties.

» nube. Il aura l'honneur de vous entretenir de
» l'objet de la présente dépêche, et se tiendra à
» votre disposition pour vous donner les explica-
» tions que vous auriez à lui demander. »

*L'Ambassadeur de France à Constantinople
au Ministre des Affaires étrangères.*

« 2 mars 1865.

» M. de Lesseps est arrivé à Péra et s'est
» mis immédiatement en rapport avec moi. *Notre*
» *manière d'envisager la situation*, tant à Constanti-
» nople qu'en Égypte, *s'est trouvée parfaitement*
» *concordante.* »

« 8 mars.

» *J'ai conduit M. de Lesseps* chez le Ministre
» des Affaires étrangères et chez le Grand Vizir...
» *J'ai cru devoir développer les réflexions et consi-*
» *dérations que la question de l'isthme paraît com-*
» *porter* dans sa phase actuelle... *M. de Lesseps*
» *m'a témoigné toute sa satisfaction de la ma-*
» *nière dont j'avais posé les questions et préparé*
» *le terrain.* J'ai donc l'assurance que *du côté de*
» *la Compagnie je suis dans une mesure conforme*
» *à ses vues.* »

« 15 mars.

» J'ai travaillé toute une journée avec Abro-

» Effendi, *discutant chaque point, réfutant toutes les*
» *objections...* J'ai réussi à élucider certaines
» questions sur lesquelles des difficultés qui sem-
» blaient être grosses se sont réduites à de sim-
» ples malentendus. *Le lendemain, j'ai travaillé*
» *sur ces données avec* M. *de Lesseps et j'ai pré-*
» *paré un projet de contrat...* Le lendemain, j'ai
» examiné ce projet avec Abro-Effendi et j'ai
» constaté que le champ de la discussion se ré-
» trécissait de plus en plus. »

« 22 mars.

» J'ai eu encore le temps de conférer avec
» M. de Lesseps, qui partait le même jour, et
» *d'arrêter avec lui le sens des réponses à faire.* »

« 31 mars.

» Monsieur le Ministre, je vous ai déjà envoyé
» le tableau des questions relatives au Canal de
» Suez sur lesquelles la Porte désirait avoir quel-
» ques éclaircissements. J'ai pensé qu'il pourrait
» être utile à Votre Excellence de connaître les ré-
» ponses que j'ai mises en marge et que *j'ai rédi-*
» *gées d'après quelques notes que j'avais prises sous*
» *la dictée de* M. *de Lesseps,* le matin de son dé-
» part. »

» 5 avril. »

(Le compte rendu d'une conversation entre M. de

Moustier et le Grand Vizir contient le paragraphe suivant :)

« Nous avons le plus grand désir d'être *agréa-*
» *bles au gouvernement de l'Empereur. Nous re-*
» *connaissons que l'intérêt qu'il prend* à l'œuvre du
» Canal est justifié par son importance commer-
» ciale, par les intérêts français qui y sont
» engagés, *par les manifestations mêmes de l'opi-*
» *nion publique en France.* »

« 4 juillet.

» Je trouve Aali-Pacha et le Grand Vizir dis-
» posés à considérer l'affaire de l'isthme *comme*
» *virtuellement terminée*, et *désireux* d'arriver
» promptement à une conclusion définitive. »

« 25 juillet.

» Monsieur le Ministre, j'ai été reçu, il y a trois
» jours, par le Sultan, et *j'ai remis à Sa Majesté la*
» *lettre de l'Empereur relative au Canal de Suez...*
» En remettant à Sa Majesté la lettre de l'Em-
» pereur, j'ai fait ressortir *combien mon auguste Sou-*
» *verain avait éprouvé de satisfaction* en constatant
» que le Sultan, d'une part, *partageait toutes ses*
» *idées sur la grande importance* du percement de
» l'isthme de Suez, et, de l'autre, *avait apprécié ses*
» *efforts personnels* pour aplanir *les difficultés qui*
» *auraient pu retarder l'exécution de ce travail.*

« » Le Sultan m'a répondu de la manière la
» plus aimable et la plus affable. Il a dit......
» qu'il avait eu et aurait toujours la plus grande
» confiance dans les sentiments d'équité de l'Em-
» pereur; *qu'il partageait entièrement sa manière
» de voir* sur l'importance d'une communication
» maritime entre les deux mers et *sur les avan-*
» *tages qui en résulteraient pour le commerce en*
» *général.* Sa Majesté a daigné ajouter *qu'elle*
» *appréciait les efforts que j'avais faits* pour apla-
» nir les difficultés inhérentes à cette question, et
» qu'elle était heureuse de l'occasion qui s'offrait
» à elle *de m'en témoigner sa satisfaction.*

» J'ai donc lieu d'espérer que la conclusion de
» l'affaire du canal ne rencontrera plus désormais
» aucun obstacle sérieux. »

9 août.

« Monsieur le Ministre, je tenais beaucoup à
» ne pas quitter Constantinople sans avoir entre les
» mains le projet de contrat à intervenir entre le
» Vice-Roi d'Égypte et M. de Lesseps, *projet que*
» *j'avais préparé cet hiver avec Aali-Pacha et M. de*
» *Lesseps,* et que j'ai dans le temps envoyé à Votre
» Excellence. Le Ministre des affaires étrangères
» vient de me communiquer à titre confidentiel son
» texte révisé et j'ai l'honneur de vous l'envoyer.
» Ce projet..... ne me paraît pas à première

» vue différer essentiellement du mien. Je n'ai pas le
» temps d'examiner avant mon départ l'importance
» ides modificatons proposées par Aali-Pacha, mais
» j'ai prescrit à M. de Bonnières de faire envoyer
» une copie de ce projet au Consul général de l'Em-
» pereur à Alexandrie *en le priant de le soumettre*
» *à M. de Lesseps,* qui pourra ainsi faire parvenir
» un moment plus tôt ses observations au départe-
» ment et à l'ambassade de Constantinople. »

A cette dépêche s'arrête la première phase de
la négociation, conduite à un degré d'avancement
et d'entente qui en faisait prévoir l'infaillible
issue. M. le marquis de Moustier quittait tempo-
rairement Constantinople et venait passer en France
quelques semaines de congé.

C'est après l'accomplissement des faits dont
nous venons d'emprunter le récit aux correspon-
dances officielles, c'est après cette série d'actes
constatant l'intervention du gouvernement français, la sollicitude personnelle de l'Empereur, l'action directe et continue du représentant de la
France, son concert, son accord avec le président
de la Compagnie, que, le 19 octobre, le *Journal des
Travaux publics* protestait avec énergie contre les
assertions de M. de Lesseps, s'élevait contre leur
présomption et leur démence, et, joignant dans
la même proscription le présent et l'avenir, pro-

clamait comme sa certitude : *Le Gouvernement ne fait rien et ne saurait rien faire.*

Tandis que la feuille de M. Nouette-Delorme travaillait ainsi à égarer l'opinion et à semer un trouble désastreux parmi les actionnaires, le gouvernement prenait ses mesures pour mener son œuvre à bonne fin.

Dès les premiers jours de novembre, M. de Moustier était de retour à son poste.

On a vu qu'avant son départ de Constantinople, notre ambassadeur avait transmis à M. le Consul général de France en Égypte, un projet de contrat proposé par Aali-Pacha pour qu'il fût immédiatement communiqué à M. de Lesseps et que ce dernier pût sans perte de temps y joindre ses observations, s'il y avait lieu. Ce projet, en effet, suscita des objections. A propos de cette nouvelle phase de la négociation, le Ministre des affaires étrangères donnait à M. de Moustier les instructions suivantes :

Paris, le 10 novembre 1865.

» Monsieur le Marquis, *j'apprends avec plaisir*
» *qu'Aali-Pacha vous a montré le désir de terminer*
» *le plus tôt possible l'affaire du canal de Suez.*
» Vous ne manquerez pas certainement de ré-
» pondre à ces bonnes dispositions et de les mettre
» à profit *pour obtenir les modifications convena-*

» *bles au projet de contrat proposé en dernier lieu*
» *par le Gouvernement ottoman. Vous avez eu*
» *occasion,* pendant votre séjour à Paris, *de con-*
» *naître les principales objections que ce projet a*
» *provoquées de la part du Conseil d'administra-*
» *tion* de la Compagnie, et de prendre note de
» celles dont il y a lieu de tenir compte. »

Ici le rapprochement des dates est éloquent.

C'est le *neuf* novembre que M. de Lesseps tient
sa conférence de Lyon, dans laquelle il déclare
que « le Gouvernement de l'Empereur fait ce
» qu'il faut pour arriver à une solution conve-
» nable ; » c'est le lendemain, *dix*, que M. Drouyn
de Lhuys envoie à Constantinople les instructions
qu'on vient de lire. M. de Lesseps a l'honneur de
recevoir l'impériale hospitalité de Compiègne du
quatorze au *vingt-et-un,* — et c'est le *vingt-sept*
novembre qu'a lieu à Paris sa conférence de la rue
Scribe.

Le 30 novembre et le 7 décembre, le journal
dénonçait M. de Lesseps comme ayant à Lyon
falsifié les dispositions régnant dans les régions de
la haute administration de France, comme ayant
persisté à engager la dignité du Souverain et du
pays, comme n'ayant recueilli que confusion et dé-
laissement à Compiègne, d'où il était retourné « tout
penaud ».

Il nous semble inutile de pousser plus loin cette explication. Grâce à la protection de l'Empereur, à l'habileté avec laquelle ses vues ont été secondées par son ministre, grâce à la haute raison et à l'ascendant de M. de Moustier, dès le mois de janvier 1866, toutes les difficultés avaient disparu à Constantinople; en février, un arrangement définitif se signait entre S. A. le Vice-Roi d'Égypte et le président directeur de la Compagnie universelle, sous les auspices de M. Outrey, Consul général de France à Alexandrie, et enfin, le 28 mars, M. de Moustier avait l'honneur, glorieusement gagné, de transmettre à son Gouvernement ce firman si longtemps attendu, prétexte de tant d'attaques, objet de tant d'inquiétudes, et qui plaçait l'existence du canal et les droits de la Compagnie sur un terrain désormais incontestable et indestructible.

Enfin, le Gouvernement français clôturait par la dépêche suivante cette belle, laborieuse et populaire négociation :

Le Ministre des Affaires étrangères à l'Ambassadeur de France à Constantinople.

« Paris, 5 avril 1866.

» Monsieur le Marquis, j'ai pris connaissance du
» firman adressé par la Porte à S. A. le Vice-
» Roi d'Égypte, et par lequel le Sultan accorde sa

» sanction à l'œuvre du canal de Suez. Je me plais
» à y trouver un témoignage de l'approbation éclai-
» rée que Sa Hautesse donne à cette grande en-
» treprise, et de son sincère désir d'en favoriser
» désormais l'accomplissement. *Nous ne pouvons*
» *que nous montrer satisfaits d'une solution si con-*
» *forme aux vues du Gouvernement de l'Empereur.*
   » Agréez, etc.
» DROUYN DE LHUYS. »

Il est avéré par les documents officiels que le
Journal des Travaux publics attribuait au gouvernement français des intentions et des pensées
qui n'étaient pas, qui ne pouvaient pas être les
siennes, diamétralement opposées à ses sentiments
et à ses actes. Il est avéré que M. Ferdinand de
Lesseps était dans les termes de la plus rigou-
reuse vérité, que même il atténuait plutôt qu'il
n'exagérait cette vérité lorsqu'en octobre 1865 il
recommandait, soit au public, soit à ses actionnaires, de compter sur l'appui du Gouvernement,
qui saurait mener à bien l'œuvre de l'obtention
du firman. Il est avéré que les démentis si nets,
si pleins d'audace et de perfidie, réitérés avec
tant d'acharnement par le *Journal des Travaux
publics* contre les affirmations de M. de Lesseps,
étaient à la fois une injure au Gouvernement,
une calomnie contre M. de Lesseps, une ma-

nœuvre pour discréditer et désorganiser la Compagnie, l'expression d'une mauvaise foi persistante et sans excuse.

Ce côté du procès qui, faute des preuves matérielles, était resté un peu dans l'ombre devant la première juridiction, est aujourd'hui mis en pleine lumière par les publications du *Livre jaune* qui forment l'objet de la présente communication à la Cour.

DOCUMENTS

DIPLOMATIQUES

L'ISTHME DE SUEZ

Extrait du LIVRE JAUNE.

M. *le marquis de Moustier, Ambassadeur de France à Constantinople, à M. Drouyn de Lhuys, Ministre des affaires étrangères.*

Péra, le 25 janvier 1865.

Monsieur le Ministre, j'ai l'honneur de vous transmettre la copie d'un rapport que S. A. Aali-Pacha m'a communiqué et qu'il a reçu ces jours-ci d'Osman-Pacha, envoyé en Égypte, comme Votre Excellence le sait, pour visiter le parcours du canal maritime entre Suez et la Méditerranée, ainsi que le canal d'eau douce qui relie la vallée du Nil à Suez. Ce rapport conclut à réduire à 1,562 hectares la concession de 10,000 hectares stipulée par la sentence arbitrale de l'Empereur.

Veuillez agréer, etc. Moustier.

Le Ministre des Affaires étrangères à l'Ambassadeur de France à Constantinople.

Paris, le 10 février 1865.

Monsieur le Marquis, vous connaissez les difficultés qui jusqu'à présent se sont opposées à la rédaction du nouveau contrat qui, d'après l'avis émis par le gouvernement ottoman et *adopté par celui de l'Empereur,* devait être signé par le Vice-Roi d'Égypte et par la Compagnie universelle du canal de Suez, puis revêtu de l'approbation du Sultan. Il avait d'abord été entendu que ce contrat ne serait que la reproduction des dispositions de la sentence arbitrale rendue par l'Empereur, car il s'agissait, dans le principe, d'une simple question de forme; mais, par suite de circonstances qu'il est inutile de rappeler, de nouvelles discussions n'ont pas tardé à s'élever à propos de la rédaction du contrat, et, *malgré tous nos efforts* et ceux du gouvernement ottoman, dont nous ne voulons mettre en doute ni les assurances ni la loyauté, les deux parties ne sont pas parvenues à s'entendre.

Dans cette situation, *le Conseil d'administration de la Compagnie a adressé à l'Empereur une pétition* par laquelle il sollicite l'intervention du gouvernement de Sa Majesté auprès de la Porte, à l'effet d'obtenir, sans plus de retard, le firman qui autorisera et régularisera la concession. Quant à la sentence arbitrale, elle serait exécutée par chacune des parties, dans sa teneur et dans sa forme actuelle.

Je me conforme aux intentions et aux ordres de l'Empereur, en vous priant, Monsieur le marquis, de vous rendre, auprès du Grand Vizir et du Ministre des Affaires étrangères du Sultan, *l'organe de cette demande, au succès de laquelle Sa Majesté attache un intérêt particulier.*

En fait, le gouvernement ottoman a obtenu par la sentence arbitrale la satisfaction qu'il avait réclamée sur les trois points : de la rétrocession des terrains concédés, de la rétrocession du canal d'eau douce, et enfin de l'abolition de la corvée pour les travaux de l'isthme. Les conditions auxquelles il avait subordonné son autorisation sont donc remplies, et il n'y a plus pour lui aucun motif d'ajourner *l'accomplissement de l'assurance qu'il nous a donnée à cet égard,* et dont la non-réalisation tient en souffrance les intérêts considérables engagés dans cette grande entreprise.

La raison essentielle pour laquelle on avait cru devoir recourir à la forme d'un nouveau contrat a été, comme vous le savez, l'impossibilité qu'il y avait, au point de vue des convenances réciproques, à ce que le Sultan revêtît de son approbation une sentence émanée de l'Empereur. Or je pense que cette difficulté pourrait être écartée, en évitant de faire mention de la sentence de Sa Majesté dans le firman d'autorisation. Sans prétendre vouloir dicter à la Porte les expressions d'un acte qu'il lui appartient de rédiger elle-même, je pense qu'un firman conçu, par exemple, dans les termes du projet que j'ai l'honneur de vous envoyer, atteindrait le but que l'on doit maintenant se proposer.

Il est, d'ailleurs, bien entendu que le gouvernement ottoman pourrait insérer dans le préambule du firman de Sa Hautesse telle mention de ses propres actes qu'il jugerait convenable, notamment de sa note circulaire du 6 avril 1863.

Je me plais à espérer que les ministres du Sultan ne se refuseront pas à reconnaître que cette manière de procéder est à la fois la plus simple et la plus facile. Elle ne porte aucune atteinte à la dignité ni aux intérêts de personne, et elle a l'avantage *de mettre fin*, par un acte de la Sublime Porte, *à des complications qui, en se prolongeant, risqueraient d'altérer les relations amicales que nous avons à cœur de conserver avec le gouvernement ottoman.*

M. de Lesseps, tout en annonçant son départ pour l'Égypte, *se propose de se rendre d'abord à Constantinople* par la voie de Vienne et du Danube. *Il aura l'honneur de vous entretenir de l'objet de la présente dépêche et se tiendra à votre disposition* pour vous donner les explications que vous auriez à lui demander.

Agréez, etc.   DROUYN DE LHUYS.

L'Ambassadeur de France à Constantinople au Ministre des Affaires étrangères.

Péra, le 22 février 1865.

Monsieur le Ministre, j'ai lu avec une grande attion la dépêche que vous m'avez fait l'honneur de m'adresser à la date du 10 février.

Vous me rappelez que la Compagnie de l'isthme de Suez et le Vice-Roi devaient s'entendre pour rédiger un nouveau contrat qui eût reproduit les dispositions de la sentence arbitrale rendue par l'Empereur. Vous me faites savoir, en termes généraux, que les efforts faits de part et d'autre pour s'accorder sur une rédaction n'ont abouti à aucun résultat. Vous ajoutez que le Conseil d'administration de la Compagnie a adressé à l'Empereur une pétition dont vous me transmettez copie, par laquelle il sollicite l'intervention du Gouvernement de Sa Majesté auprès de la Porte, pour obtenir, sans plus de retard, le firman qui autoriserait et régulariserait la concession. Ce firman, dont vous me transmettez un modèle en projet, consisterait dans une approbation générale de l'entreprise du percement de l'isthme de Suez, approbation qui ne mentionnerait ni les contrats anciens, ni la sentence arbitrale, ni un contrat nouveau, et qui serait motivée sur cette considération que toutes les questions relatives à l'exécution du canal ont été réglées d'un commun accord à la satisfaction de la Sublime Porte, laquelle pourrait, dans le préambule du firman, faire telle mention qu'elle voudrait de ses propres actes, tels que sa note circulaire du 6 avril 1863. Vous m'annoncez enfin que M. de Lesseps ne tardera pas à se rendre à Constantinople et me donnera toutes les explications nécessaires.

Veuillez me dire, Monsieur le Ministre, si je comprends bien votre pensée, en ajournant toute démarche officielle auprès des ministres du Sultan jusqu'à l'arrivé du Président de la Société. Je serai personnellement très-heureux de le voir et ses explications me seront très-utiles. J'ignore, en effet, complétement ce qui s'est passé en Égypte dans ces derniers temps et les causes diverses qui ont rendu impossible, entre le Vice-Roi et la Compagnie, une entente pour la rédaction d'un nouveau contrat.

Aali-Pacha, de son côté, assure qu'il l'ignore également, et toute discussion avec lui ne pourrait porter aucun fruit, si nous sommes tous deux dans une ignorance réciproque de l'état réel de la question.

Cette ignorance redouble les défiances de la Porte, défiances poussées à un point dont Votre Excellence ne saurait se faire aucune idée. J'avais, il y a quelques mois, fait pour les dissiper des efforts assez heureux, je crois, et si j'avais été mis à même, alors de les continuer et de discuter avec Aali-Pacha les termes d'un nouveau projet de contrat, j'ose me flatter que j'aurais pu écarter une partie des embarras que la rédaction suggérée par Nubar-Pacha à Aali-Pacha a suscités.

Quoi qu'il en soit, Monsieur le Ministre, *vous pouvez être assuré du zèle que j'apporterai à me conformer à vos instructions et à essayer de remplir les vues de l'Empereur.*

Veuillez agréer, etc.   MOUSTIER.

L'Ambassadeur de France à Constantinople au Ministre des Affaires étrangères.

Péra, le 22 février 1865.

Monsieur le Ministre, je me suis transporté hier à Constantinople, et j'ai causé longuement avec le Grand Vizir et Aali-Pacha. J'en ai profité *pour me rendre compte,* dans un sens plus général, de *la disposition actuelle de leur esprit en ce qui regarde l'affaire du canal.*

A ne s'en tenir qu'aux assurances générales qu'ils

donnent de leur désir d'être agréable à la France, de terminer promptement tout ce qui se rattache à cette affaire et de se maintenir dans les termes de la sentence arbitrale, on pourrait être satisfait. Mais il n'est pas difficile de constater que, tant par l'effet d'une disposition naturelle que par suite de suggestions étrangères, la défiance de la Porte envers la Compagnie est parvenue à un degré à peine croyable.

Deux choses ont principalement accru ces dé-fiances. En premier lieu, les longs pourparlers qui ont eu lieu entre le Gouvernement Égyptien et les administrateurs de la Compagnie, sans que ces négociations aient pu, depuis six mois, aboutir à aucun résultat. La Porte ne s'explique pas les causes de cette impuissance, ou, plutôt, elle incline à les expliquer par d'inacceptables exigences de la Compagnie.

En second lieu, la concession faite par la Compagnie à Abd-el-Kader a causé une inquiétude et une irritation qu'il est difficile de traduire exactement. Il paraît que le Vice-Roi a fait parvenir ici les plaintes les plus énergiques sur le mépris que la Compagnie avait fait de toutes ses observations à cet égard, et on m'en a parlé avec la plus vive amertume. C'est là la source principale de l'incident relatif aux terrains.

Le Grand Vizir et Aali Pacha me font ce raisonnement : La sentence arbitrale, tout en fixant la quotité de terrains destinés au service d'exploitation du canal, a eu l'intention que la Compagnie ne se servît des terrains que pour les besoins de son exploitation et pendant la durée de cette exploitation seulement, et non pour en disposer ou en tirer un profit quelconque en dehors de ses besoins. Si donc la sentence arbitrale a fixé une quotité de terrains plus grande que ces besoins réels, il arrivera, ou que les terrains resteront inemployés et improductifs, ou que la Compagnie en tirera un profit illégitime. La première hypothèse peut n'avoir pas beaucoup d'inconvénients là ou le canal traverse le désert ; mais à Port-Saïd, les quatre cents hectares attribués à la Compagnie dépassent, dit-on, énormément les besoins de l'exploitation. C'est toute la ville future que la Compagnie s'est fait attribuer, dit Aali-Pacha, et il revient sans cesse sur ce point spécial, qui paraît lui tenir excessivement à cœur.

Quant à la seconde hypothèse, elle a déjà, dit-il, commencé à se réaliser, et de la manière la plus déplorable, par l'établissement d'Abd-el-Kader dans l'isthme, qu'on regarde ici et au Caire comme un véritable danger public et derrière lequel on aperçoit les plus fâcheuses arrière-pensées.

J'ai trouvé, Monsieur le Ministre, de si fortes impressions à cet égard, qu'il est de mon devoir de vous en rendre compte sans les atténuer, car elles créent en ce moment un obstacle réel et sérieux à la solution définitive de la question.

Je n'ai pas besoin de dire que j'ai combattu énergiquement toute cette argumentation et ces défiances, et je crois l'avoir fait jusqu'à un certain point avec succès. Aali-Pacha voulait d'abord que je fisse personnellement une démarche auprès de l'Empereur pour le prier de concilier la teneur de la sentence arbitrale avec son esprit, c'est-à-dire de réduire la quotité des terrains. Je m'y suis refusé absolument. Aali-Pacha a apprécié mes motifs et témoigné alors l'intention de faire cette démarche par l'entremise de l'Ambassadeur de Turquie à Paris. Toutefois, je crois avoir réussi à lui faire comprendre combien était fausse la marche qu'il comptait suivre et qui n'allait à rien moins qu'à demander à l'Empereur la modification de sa sentence. Je crois qu'il se bornera à exposer les craintes de la Porte relativement à l'abus que la Compagnie pourrait faire des terrains que la sentence lui attribue, si elle les faisait servir à un usage contraire à l'esprit de cette même sentence.

Veuillez agréer, etc.   MOUSTIER.

L'Ambassadeur de France à Constantinople au Ministre des Affaires étrangères.

Péra, le 2 mars 1865.

Monsieur le Ministre, *M. de Lesseps est arrivé à Péra et s'est mis immédiatement en rapport avec moi. Notre manière d'envisager la situation, tant à Constantinople qu'en Égypte, s'est trouvée parfaitement concordante.* Il est évident que le Vice-Roi, qui est maître de la situation ici fait avancer ou reculer la Porte au gré de ses désirs, tout en restant parfaitement correct à notre égard par la manière dont il exécute la sentence. Il en résulte la prolongation d'un état de choses dont le caractère indécis ne saurait lui déplaire. Il laisse continuer les travaux malgré le défaut de sanction de la Porte, tout en lui donnant des assurances de sa subordination, et il maintient, d'un autre coté, la Compagnie dans un état de demi légalité qui la met plus ou moins à sa discrétion.

Il importe donc de ne fournir au Gouvernement ottoman aucun prétexte d'échapper à une solution. Or ce serait lui en fournir un que de lui poser dès à présent une sorte d'ultimatum consistant à obtenir du Sultan un firman conçu dans des termes généraux. C'est pour la Porte une question du principe, dont je crois que rien ne la fera se départir, que de ne donner sa sanction qu'à un contrat positif et défini.

Après mûr examen, j'ai arrêté, *de concert avec M. de Lesseps*, la marche à suivre. Nous sommes au milieu des fêtes du Baïram. Ce n'est qu'après demain que je pourrai *le conduire chez le Grand Vizir et le Ministre des Affaires étrangères*. En attendant, j'ai déjà fait donner à Aali-Pacha tous les apaisements qu'il désirait sur l'affaire d'Abd–el-Kader, et il regrette un peu tout le bruit qui s'est fait à ce sujet.

Veuillez agréer, etc. Moustier.

Le Ministre des Affaires étrangères à l'Ambassadeur de France à Constantinople.

Paris, le 3 mars 1865.

Monsieur le marquis, il résulte des explications qui vous ont été données par Aàli-Pacha, soit par l'intermédiaire du premier drogman, soit directement, que le Gouvernement du Sultan considère comme

fondées les évaluations indiquées dans le rapport
d'Osman-Pacha, et qu'il aurait la pensée de demander sur ce point une modification à la sentence arbitrale de l'Empereur. Le Gouvernement de Sa Majesté
ne saurait, du moins dans l'état actuel des choses,
se prêter à aucune modification de cette nature, et
je n'ai qu'à vous approuver de vous être refusé à
vous rendre l'organe de la proposition qu'Aali-Pacha
désirait nous adresser à cet égard. M. l'Ambassadeur
de Turquie, que j'ai vu hier, ne m'a fait sur le
même sujet aucune communication.

Je vois qu'à l'occasion de cette partie de la sentence qui se réfère aux terrains, Aali-Pacha vous a
manifesté de profondes méfiances à l'égard de la
Compagnie, en s'appuyant surtout sur la concession
qui aurait été faite à Abd-el-Kader. Quelques observations suffiront pour ôter à ce point l'importance
que le Gouvernement ottoman semble lui attribuer.
D'abord, cette offre d'un terrain à l'ancien émir
remonte à une époque antérieure à la sentence de
Sa Majesté, c'est-à-dire à un moment où la Compagnie pouvait croire avoir la faculté de disposer
d'une partie des territoires dont elle était en possession. En second lieu, lorsque, au commencement de
juin dernier, le Vice-Roi nous fit exprimer par
M. Tastu le désir de savoir quelles étaient les intentions du Gouvernement de l'Empereur concernant la
cession offerte à Abd-el-Kader, je répondis à notre
Consul général que Sa Majesté n'y aurait, pour son
compte, aucune objection, mais que le Vice-Roi
devait, en pareil cas, demeurer le seul juge de la
convenance d'autoriser ou non la résidence de l'ancien émir en Égypte.

Je ne m'explique donc pas les plaintes qu'Ismaïl-Pacha a adressées au Gouvernement ottoman à propos d'un incident dont le règlement a été laissé à sa propre appréciation. Je pense, au surplus, qu'il vous suffira de faire part à M. de Lesseps des observations qui précèdent pour qu'il s'empresse de reconnaître que le projet d'une concession à Abd-el-Kader doit être absolument abandonné : il est non-seulement inopportun, mais, si je ne me trompe, contraire aux termes de la sentence en ce qui concerne la destination des terrains attribués à la Compagnie.

Agréez, etc.   DROUYN DE LHUYS.

———

L'Ambassadeur de France à Constantinople au Ministre des Affaires étrangères.

Péra, le 8 mars 1865.

Monsieur le Ministre, *j'ai conduit M. de Lesseps* chez le Ministre des Affaires étrangères et chez le Grand Vizir, qui lui ont fait bon accueil. Chez Aali-Pacha, la question n'a roulé que sur des généralités. Chez le Grand Vizir, *j'ai cru devoir développer les réflexions et considérations que la question de l'isthme me parait comporter dans sa phase nouvelle*, et je me suis appliqué à resserrer le plus possible la discussion dans un cercle dont elle ne pût pas s'écarter. Le Grand Vizir s'est montré conciliant et modéré, et a protesté, à plusieurs reprises, de son désir d'arriver à une solution satisfaisante. *M. de Lesseps m'a témoigné toute sa satisfaction de la manière dont j'avais posé les questions et préparé le terrain.* J'ai donc l'assurance que, du côté de la

Compagnie, je suis dans une mesure conforme à ses vues, et M. de Lesseps semble parfaitement édifié sur la nature précise des difficultés que nous avons à vaincre et sur l'impossibilité de savoir encore si nous réussirons dans nos efforts pour amener la Porte à nos idées.

Je n'ai pas perdu de temps pour mettre à exécution *le programme arrêté entre M. de Lesseps et moi.*

En conséquence, j'ai adressé à Aali-Pacha une lettre où *je déclare que je n'accepterai aucune discussion sur la sentence arbitrale.*

Aali-Pacha, dans sa réponse, se réfère vaguement à des conversations antérieures dans lesquelles il avait fait des réserves incompatibles avec les termes de la sentence. Toutefois, comme il n'objecte rien directement à ma déclaration fort explicite et m'invite à entrer en matière, je prends acte, d'une part, de son acquiescement tacite, de l'autre de son invitation.

Pour répondre à celle-ci, je lui propose de reprendre l'affaire au point où elle en était restée lorsque, il y avait sept mois, *M. de Lesseps, sur l'invitation de Votre Excellence, préparait un projet d'acte nouveau,* et, après l'avoir présenté au Vice-Roi, lequel n'élevait pas d'objection, le faisait parvenir à la Porte, qui ne l'avait pas examiné.

Aali-Pacha accepte cette manière de procéder, et il fait rédiger par écrit ses observations sur le projet de la Compagnie. Ce travail me sera remis dans deux ou trois jours.

Veuillez agréer, etc.　　　　　MOUSTIER.

*L'Ambassadeur de France à Constantinople au Ministre
des Affaires étrangères.*

Péra, le 15 mars 1865.

Monsieur le Ministre, ayant eu l'occasion d'aller chez le Grand Vizir, la conversation est tombée sur l'isthme de Suez, et, Aali-Pacha étant survenu, elle s'est généralisée. On a apporté des plans de l'isthme, et *j'ai donné, sur l'étendue des terrains, sur l'emploi auquel ils étaient destinés et sur les raisons qui les rendaient indispensables à l'exploitation, des considérations toutes nouvelles* et qui ont paru faire une impression très-favorable. Le Grand Vizir a introduit quelques considérations sur la dignité du Sultan, qui lui rendait difficile d'accepter purement et simplement un jugement rendu sans sa participation et presque à son insu. Il semblait insister sur ce point et *faire bon marché des questions de défiance se rattachant à la jouissance des terrains par la Compagnie.*

Veuillez agréer, etc. MOUSTIER.

---

*L'Ambassadeur de France à Constantinople au Ministre
des Affaires étrangères.*

Péra, le 15 mars 1865.

Monsieur le Ministre, j'espérais qu'Aali-Pacha renoncerait à vouloir apporter des amendements à la sentence de l'Empereur, après les lettres si explicites que je lui avais adressées et que je vous ai envoyées; mais il est encore revenu sur ce sujet avec tant d'insistance, que j'ai cru devoir lui écrire pour développer, avec un peu plus d'étendue, les considérations indiquées dans mes missives précédentes, et pour lui faire entendre que je ne saurais avoir de conférence avec lui sans savoir sur quel objet elle porterait, et si la question des terrains en serait écartée. Il m'a envoyé le secrétaire général du ministère, *qui m'a supplié*, de la part de Son Altesse, *de vouloir bien examiner avec lui les diverses questions se rattachant à l'isthme*, en laissant réciproquement de côté, pour le moment, la question des terrains. Les termes conciliants dans lesquels cette démarche était faite près de moi ne me permettaient pas de me refuser à l'examen qu'on désirait et qui pouvait, je le sentais, amener quelques bons résultats.

J'ai travaillé toute une journée avec Abro-Effendi, discutant chaque point, réfutant toutes les objections enfantées par la défiance, et, il faut le dire, par l'ignorance qui règne ici sur les choses les plus simples.

Néanmoins, j'ai réussi à élucider certaines questions sur lesquelles les difficultés qui semblaient être grosses se sont réduites à de simples malentendus. Le lendemain, *j'ai travaillé sur ces données avec M. de Lesseps, et j'ai préparé un projet de contrat* qui commence par viser les anciens actes, ce que la Porte a fini par admettre, et qui se borne à rappeler historiquement la note du 6 avril, *dans les termes que M. de Lesseps est disposé à accepter*, et que je crois de nature à satisfaire aux exigences de la Porte qui, sur ce point, étaient presque impossibles à modifier.

Le lendemain, j'ai examiné ce projet avec Abro-

Effendi, et j'ai constaté que le champ de la discussion se rétrécissait de plus en plus. *Nous avons reproduit presque intégralement, non-seulement le dispositif, mais les considérants de la sentence arbitrale.*

Lorsque j'aurai complété quelques explications sur l'organisation de la direction de la Compagnie et sur l'exercice des diverses juridictions, il ne restera plus guère à traiter que *la question des terrains, sur laquelle je maintiens énergiquement l'attitude que j'ai prise.*

Veuillez agréer, etc.　　　　　Moustier.

Le Ministre des Affaires étrangères à l'Ambassadeur de France à Constantinople.

Paris, le 17 mars 1865.

Monsieur le Marquis, j'ai été fort aise de voir, en lisant votre dépêche du 8 mars, que *M. de Lesseps était complétement d'accord avec vous quant à la manière d'envisager la situation de l'affaire de l'isthme,* tant à Constantinople qu'à Alexandrie. La ligne de conduite que vous avez arrêté de suivre me paraît fort bonne, du moment, surtout, que le Gouvernement du Sultan est absolument décidé à refuser un firman qui serait conçu dans des termes généraux, et à n'accorder sa sanction qu'à un contrat bien défini.

Agréez, etc.　　　　　Drouyn de Lhuys.

---

*L'Ambassadeur de France à Constantinople au Ministre
des Affaires étrangères.*

Péra, le 22 mars 1865.

Monsieur le Ministre, dans la conversation que j'ai
eue, il y a huit jours, avec Aali-Pacha et le Grand
Vizir, conversation dont je vous ai rendu compte,
j'ai engagé le Ministre des Affaires étrangères à me
donner par écrit, sous forme de questions, toutes les
observations qui jetaient du trouble ou du doute
dans son esprit, pour mé permettre d'y répondre
plus facilement. Je voyais à cela l'avantage de
mieux circonscrire le terrain de la discussion, et,
lorsque je l'aurais déblayé, de rendre plus difficile
aux ministres turcs d'apporter de nouvelles objections, ayant supplié Aali-Pacha d'avoir bien soin
cette fois de n'en omettre aucune.

Le surlendemain, en effet, il m'a envoyé une note
renfermant une série de questions relatives, pour la
plupart, soit à l'emploi des terrains réservés à la
Compagnie, soit à la juridiction.

*J'ai eu encore le temps de conférer avec M. de
Lesseps,* qui partait le même jour, et *d'arrêter avec
lui le sens des principales réponses à faire.* J'ai terminé promptement ce travail et je l'ai communiqué
d'abord à Abro-Effendi qui y a trouvé peu de chose
à relever. J'ai été ensuite chez Aali-Pacha, qui en a
pris connaissance, mais s'est abstenu d'émettre aucun
avis, si ce n'est sur les questions relatives à la juridiction. Sur celles-là il s'est déclaré pleinement satisfait ; mais il a paru vouloir réserver la question
des terrains jusqu'à ce qu'il eût vu le Grand Vizir.

4

Depuis lors, trois jours se sont écoulés sans qu'il m'ait donné signe de vie. Je lui ai fait insinuer hier que j'aimerais à pouvoir profiter du départ de mon courrier pour transmettre à Votre Excellence quelques indications sur les vues de la Porte. Il a répondu qu'il lui était impossible de me satisfaire dans un si court espace de temps, qu'il devait encore en conférer, qu'il était satisfait des explications que je lui avais données et qu'aujourd'hui toutes les difficultés étaient réduites à la seule question des terrains ; que, sur ce point, il n'était en mesure de me dire ni oui ni non, mais qu'il pensait pouvoir le faire d'ici à mon prochain courrier.

Veuillez agréer, etc.   MOUSTIER.

L'Ambassadeur de France à Constantinople au Ministre des Affaires étrangères.

Péra, le 29 mars 1865.

Monsieur le Ministre, comme vous l'avez vu dans mes précédentes dépêches, *j'ai discuté avec le Secrétaire général du Ministre des Affaires étrangères les bases d'un contrat*, et, sans nous être arrêtés à une forme définitive, nous avons reconnu que, si toutes les autres difficultés étaient aplanies, il n'y aurait pas de dissentiment sérieux de ce côté.

Quant aux difficultés qui prenaient leur source dans l'ignorance où la Porte était sur l'interprétation à donner à différentes clauses, soit de la sentence, soit des statuts de la Compagnie, *j'ai répondu d'une manière si nette et si explicite à tout ce qui faisait doute dans l'esprit d'Aali-Pacha*, qu'il a dû avouer que l'affaire se présentait à lui sous une face toute nouvelle, sous laquelle il ne l'avait jamais envisagée, et qu'il n'a trouvé aucune question de plus à m'adresser, ni aucune objection ultérieure à formuler.

Cependant, tout en laissant percer sa satisfaction et son extrême désir d'arriver à une solution, il m'a prié, d'une part, de ne prendre acte, à quelque degré que ce fût, de son silence pour l'interpréter dès à présent comme un acquiescement; de l'autre, de lui laisser le temps de réfléchir à l'ensemble de l'affaire, pour qu'il pût préparer une solution émanée de son initiative propre, me demandant de lui laisser cette initiative tout entière.

Cette demande m'était faite dans des termes qui ne permettaient guère de mettre à obtenir une réponse immédiate une insistance qui eût pu tout compromettre.

En somme, la question a marché plus vite que les ministres ottomans ne le pensaient; ils sont à bout d'objections, ils sentent qu'il faut en finir et ils ne sont pas immédiatement préparés à une solution imminente, solution qui les mettra, à bien des points de vue, en contradiction avec une attitude et un langage de vieille date qu'on ne s'attend peut-être pas à leur voir si brusquement modifier.

Sans doute on eût pu se préparer depuis un an à cette situation; mais en Turquie, on ne se prépare à rien; on ajourne tout et l'on compte toujours sur les incidents. Voilà ce qui me semble expliquer l'insistance que met Aali-Pacha à ce que je le laisse se recueillir; et, je le répète, les termes dans lesquels il m'a fait cette demande ne sauraient la faire prendre en mauvaise part ni permettre, quant à présent, de n'y pas souscrire.

Veuillez agréer, etc.   MOUSTIER.

L'Ambassadeur de France à Constantinople au Ministre des Affaires étrangères.

Péra, le 13 mars 1865.

Monsieur le Ministre, je vous ai envoyé déjà le tableau des questions relatives au canal de Suez sur lesquelles la Porte désirait avoir quelques éclaircissements. J'ai pensé qu'il pourrait être utile à Votre Excellence de connaître les réponses que j'ai mises en marge et *que j'ai rédigées d'après quelques notes que j'avais prises sous la dictée de M. de Lesseps,* le matin de son départ.

Comme je vous l'ai dit, Aali-Pacha a paru extrêmement satisfait de l'ensemble de ces renseignements. Il est superflu de répéter que ces questions, pas plus que les réponses, n'étaient signées et qu'elles n'avaient aucun caractère officiel, mais celui seulement de simples explications verbales.

Veuillez agréer, etc.   MOUSTIER.

L'Ambassadeur de France à Constantinople au Ministre des Affaires étrangères

Péra, le 5 avril 1865.

Monsieur le Ministre, après avoir laissé à Fuad et à Aali-Pacha quelques jours de réflexion, j'ai eu avec eux une conversation amicale et confidentielle sur l'affaire de Suez, qui a pleinement confirmé toutes les hypothèses que je vous avais transmises sur l'attitude actuelle de la Porte.

Les deux Ministres ne m'ont demandé aucune explication nouvelle, ni témoigné, en quoi que ce soit, qu'ils trouvassent insuffisantes celles que je leur avais déjà fournies.

Bien plus, j'ai insisté à plusieurs reprises sur les concessions et apaisements plus complets que je serais en mesure de leur offrir si, de leur côté, ils se croyaient en position de continuer avec moi le travail commencé et de le pousser jusqu'à une solution.

Il est résulté clairement de leur réponse que *la question des terrains*, ni aucune autre question de détail, *n'offre une difficulté sérieuse;* que les hésitations de la Porte viennent uniquement de la crainte qu'elle éprouve au moment où elle doit se décider enfin à donner à l'œuvre de l'isthme sa sanction si longtemps refusée ou ajournée sous mille prétextes.

Quant à cette crainte, voici de quelle manière le Grand Vizir en définit la nature : « L'opposition que rencontre en ce moment la solution définitive de cette affaire ne vient ni du Vice-Roi, ni du Sultan, ni de mes collègues, en ce sens qu'ils ne font aucune objection préalable et semblent nous laisser absolument libres de la trancher comme nous l'entendrons. L'opposition vient exclusivement d'Aali-Pacha et de moi. Nous sommes les Ministres dirigeants, nous sommes les maîtres presque absolus de toutes les décisions. En France il y a un souverain qui assume la responsabilité des actes de son gouvernement ; en Angleterre, c'est une majorité politique dont les Ministres sont l'émanation. Nous sommes tout-puissants, mais isolés, écrasés sous le fardeau de notre puissance et de la responsabilité sans limites qui en est la conséquence. Or, dès que nous aurons signé un acte d'une si grande importance, c'est alors que, de tous côtés, les critiques tomberont sur nous, et que nous entendrons le reproche d'avoir sacrifié les intérêts de l'Empire.

« *Nous avons* cependant le *plus grand désir d'être agréables au Gouvernement de l'Empereur.* Nous reconnaissons que *l'intérêt qu'il prend à l'œuvre du canal* est justifié par son importance commerciale, *par les intérêts français qui y sont engagés, par les manifestations même de l'opinion publique en France.* Nous reconnaissons que l'œuvre du canal est trop avancée pour qu'il soit possible ou raisonnable de chercher à entraver son achèvement, et qu'il est désirable à tous les points de vue de la régulariser. Nous y travaillons, nous faisons tous nos efforts pour cela; mais il faut qu'on nous laisse le temps et le choix des moyens; que nous n'ayons pas l'air surtout d'agir par suite d'une pression ou d'une entente particulière avec votre Gouvernement; il faut que tout vienne de notre initiative. »

J'espère que ces détails achèveront d'éclairer Votre Excellence sur le point réel où en est l'affaire, et qu'elle appréciera tout ce que j'ai tenté pour en préparer la conclusion. J'attends maintenant de nouvelles directions. *Si elles devaient me prescrire une attitude plus formelle et plus insistante,* le langage modéré et conciliant que j'ai tenu jusqu'ici ne me donnerait que plus de force. Si, au contraire, vous pensiez qu'il faut entrer dans les idées de la Porte et la laisser résoudre la question plus lentement, par sa propre initiative, *je n'aurais qu'à faire ressortir* aux yeux des ministres *la modération du Gouvernement français* et *la nécessité de reconnaître cette modération*, en faisant, comme ils me l'ont promis, des efforts réels et persévérants *pour arriver au but qui doit donner satisfaction à nos légitimes espérances.*

Veuillez agréer, etc. MOUSTIER.

Le Ministre des Affaires étrangères à l'Ambassadeur de France à Constantinople.

Paris, le 5 mai 1865.

Monsieur le Marquis, j'ai lu avec intérêt les informations que vous m'avez données sur les explications échangées en dernier lieu entre le Ministre des Affaires étrangères du Sultan et vous, concernant la question des terrains de l'isthme. La réserve que vous avez gardée vis-à-vis d'Aali-Pacha *est tout à fait conforme aux vues du Gouvernement de l'Empereur*, que ma communication télégraphique du 24 avril vous a fait pressentir; et, comme j'ai eu l'honneur de vous le dire par le dernier courrier, nous n'avons, pour le moment, qu'à attendre la lettre du Sultan à l'Empereur.

Agréez, etc. DROUYN DE LHUYS.

Le Ministre des Affaires étrangères à l'Ambassadeur de France à Constantinople.

Paris, le 19 mai 1865.

Monsieur le Marquis, la lettre du Sultan à l'Empereur concernant l'affaire de l'isthme est parvenue, il y a peu de jours, à M. l'Ambassadeur de Turquie, qui a eu l'honneur de la remettre à l'Impératrice Régente.

Ce document, dont je vous transmets une copie, est rédigé dans des termes satisfaisants et conçu dans un sens conforme à ce qui vous avait été annoncé par Aali-Pacha. En exprimant à Sa Majesté le désir qu'une Commission mixte soit nommée pour procéder à une nouvelle évaluation des terrains nécessaires à l'exploitation du canal, le Sultan ajoute qu'il se conformera à la décision des commissaires et qu'il donnera aussitôt le firman d'autorisation.

L'émission du firman serait donc subordonnée au fait de l'exploitation des terrains constatée par le rapport de la Commission mixte. *Nous adhérons à cette condition*, et, en attendant *que l'Empereur réponde lui-même au Sultan,* je *me conforme aux intentions de Sa Majesté,* en vous annonçant que *nous acceptons* la formation d'une Commission mixte, et je pense être prochainement en mesure de vous faire connaître le nom du commissaire *que nous aurons désigné.*

Avec la lettre du Sultan, Djemil-Pacha m'a communiqué une dépêche qui lui a été adressée par Aali-Pacha et dont je vous envoie également une copie. Vous y verrez que le Ministre des Affaires étrangères parle de quelques autres conditions non énoncées dans la lettre du Sultan, et qui, à son avis, devraient être remplies par les stipulations du nouveau contrat qui sera signé entre le Vice-Roi et la Compagnie. J'attendrai de connaître le projet qu'Aali-

Pacha annonce devoir vous communiquer pour apprécier le caractère de ces conditions; il serait bien regrettable qu'elles fussent de nature à susciter de nouvelles difficultés, et nous nous plaisons à espérer que vous trouverez le Gouvernement du Sultan disposé à répondre à l'esprit de conciliation dont la réponse de l'Empereur ne tardera pas à donner un nouveau témoignage à S. M. le Sultan.

Agréez, etc.　　　　　　　　Drouyn de Lhuys.

L'Ambassadeur de France à Constantinople au Ministre
des Affaires étrangères.

Péra, le 31 mai 1865.

Monsieur le Ministre, j'ai annoncé à Aali-Pacha que le Gouvernement de l'Empereur adhérait à la formation d'une Commission mixte qui aurait à faire l'évaluation des terrains nécessaires à l'exploitation du canal de Suez, et dont le travail serait suivi immédiatement du firman de sanction du Sultan. Quant au contenu de la dépêche d'Aali-Pacha, que Djemil-Pacha vous a communiquée, le Ministre des Affaires étrangères assure qu'il n'a nulle intention de soulever des difficultés, mais qu'au contraire il veut arriver à une solution définitive le plus tôt possible.

Il a seulement voulu dire que le nouveau contrat qui interviendra entre la Compagnie et le Vice-Roi devra contenir, outre les points tranchés par la sentence, une interprétation claire et à l'abri de toute discussion des points déjà réglés par les anciens contrats, particulièrement en ce qui regarde les différentes questions relatives à la juridiction et à la police. Sur ces questions, Aali-Pacha était en effet, comme il le rappelle, tombé d'accord avec moi, à la suite d'explications que je lui avais données et *dont la substance avait été arrêtée d'abord entre M. de Lesseps et moi.* Le seul point sur lequel insiste Aali-Pacha, et auquel je n'ai pas adhéré jusqu'ici, c'est le désir du Vice-Roi de pouvoir opposer un *veto* à la désignation du Président annuel qui sera nommé par le Conseil supérieur de la Compagnie, lorsque les pouvoirs décennaux de M. de Lesseps auront pris fin. *Je prie Votre Excellence d'examiner cette question.*

J'ai fait comprendre à Aali-Pacha qu'il ne devait pas tarder une minute à faire communiquer à Votre Excellence le nouveau projet de contrat que la Porte prépare et *dont Aali-Pacha,* dans sa dépêche, *espère que le Gouvernement français sera très-satisfait.*

Il m'a promis qu'il ne nous ferait pas attendre la remise de ce document, *afin que nous fussions à même de présenter nos observations* en temps utile.

Je n'ai pas manqué de faire au Ministre des Affaires étrangères et au Grand Vizir les observations très-justes que me prescrivait votre télégramme du 25 mai, relativement à Osman-Pacha.

Ils m'ont répondu que le premier travail d'Osman-Pacha, fait dans le Cabinet et en l'absence de toute enquête sérieuse, n'avait aucune importance, et qu'Osman-Pacha avait ordre de le considérer comme non avenu ; ce n'était, en effet, qu'un mesurage de la superficie du canal, de ses berges et des chemins de halage. Osman-Pacha, m'ont-ils dit, a reçu déjà des ordres précis qu'il exécutera consciencieusement et qui lui prescrivent de se placer à un tout autre point de vue, et de procéder dans un ordre d'idées qui puisse donner une satisfaction sérieuse à tous les intérêts.

Veuillez agréer, etc.   MOUSTIER.

———

Le Ministre des Affaires étrangères à l'Ambassadeur de France à Constantinople.

Paris, le 9 juin 1865.

Monsieur le Marquis, après les explications et les assurances qui vous ont été données par les Ministres du sultan, les *objections très-légitimes que nous avions élevées contre la nomination d'Osman-Pacha, comme membre de la Commission mixte,* se trouvent atténuées ; votre démarche aura eu du moins ce bon résultat, d'amener le Gouvernement ottoman à recommander à son délégué de remplir sa tâche avec impartialité et de se prémunir, en quelque sorte, contre ses propres opinions.

Agréez, etc.   DROUYN DE LHUYS.

———

L'Ambassadeur de France à Constantinople au Ministre des affaires étrangères.

Thérapia, le 4 juillet 1865.

Monsieur le Ministre, le Sultan, après plusieurs accès assez légers d'une fièvre intermittente qu'on attribue à l'humidité du palais d'été de Beyler-Bey, est enfin en convalescence. Toutefois il ne reçoit personne. Le Vice-Roi d'Égypte ne l'a pas encore vu. Je n'ai donc pu, jusqu'à présent, lui remettre la lettre de l'Empereur.

Je trouve Aali-Pacha et le Grand Vizir disposés à considérer l'affaire de l'isthme comme virtuellement terminée et désireux d'arriver promptement à une conclusion définitive. *Je presse Aali-Pacha de me remettre* le projet de contrat qui devrait être l'objet de la sanction impériale du Sultan, après la conclusion du travail de la Commission. Il presse, de son côté, le fonctionnaire chargé de ce travail d'y mettre la dernière main, et *il espère pouvoir me le soumettre ces jours-ci. Le soin que j'ai pris d'en préparer les bases* et les termes principaux sous les yeux d'Aali-Pacha, et avec le concours d'Abro-Effendi *et de M. de Lesseps*, me fait espérer qu'il ne se produira aucune difficulté nouvelle.

Je pense que le Gouvernement ottoman apportera aussi un esprit large et conciliant dans les instructions qu'il donnera à son nouveau commissaire ; car Osman-Pacha, étant tombé gravement malade à Alexandrie, a été autorisé à rentrer à Constantinople, où il vient d'arriver.

J'ai causé avec le Vice-Roi, que j'ai trouvé fort calme et fort conciliant. *Je lui ai fait sentir* la nécessité de ne pas laisser son délégué s'engager dans une voie de discussions étroites et mesquines. Il m'a assuré qu'il n'attachait aucune importance au chiffre d'hectares, et que la seule chose qui le préoccupât était la situation qu'occuperaient, dans les trois points principaux de Port-Saïd, Suez et Ismaïlia, les terrains réservés à la Compagnie dans leurs rapports avec le développement nécessaire de ces trois villes. Il *s'est exprimé sur M. de Lesseps avec bienveillance, et sur l'exécution et l'avenir du canal avec confiance.* Je n'ai rien négligé pour fortifier Ismaïl-Pacha dans les bonnes dispositions qu'il a manifestées.

Veuillez agréer, etc. MOUSTIER.

Le Ministre des Affaires étrangères à l'Ambassadeur de France à Constantinople.

Paris, le 14 juillet 1865.

Monsieur le Marquis, je me plais à espérer, d'après le langage que vous a tenu Ismaïl-Pacha au sujet des affaires de l'isthme, que sa présence à Constantinople pourra avoir pour résultat de contribuer à l'aplanissement des difficultés qui sont encore à résoudre. Le Gouvernement ottoman aurait, en effet, mauvaise grâce à manifester des exigences et des susceptibilités exagérées, quand le Vice-Roi se montre lui-même conciliant et désireux d'une solution amiable. D'un autre côté, les dispositions très-modérées que vous témoignent maintenant les Ministres du Sultan vous fourniraient, au besoin, le moyen de raffermir celles d'Ismaïl-Pacha.

Agréez, etc. DROUYN DE LHUYS.

L'Ambassadeur de France à Constantinople au Ministre des Affaires étrangères.

Thérapia, le 25 juillet 1865.

Monsieur le Ministre, j'ai été reçu, il y a trois jours, par le Sultan, en audience privée, et j'ai remis à la fois à Sa Majesté *la lettre de l'Empereur relative au canal de Suez* et la réponse aux lettres de rappel de Djemil-Pacha. *Conformément aux prescriptions de Votre Excellence*, j'ai demandé qu'Aali-Pacha assistât à l'audience.

En remettant entre les mains de Sa Majesté la lettre de l'Empereur, *j'ai fait ressentir combien mon Auguste Souverain avait éprouvé de satisfaction en constatant que le Sultan, d'une part, partageait toutes ses idées sur la grande importance du percement de l'isthme de Suez, et, de l'autre, avait apprécié ses efforts personnels pour aplanir les difficultés qui auraient pu retarder l'exécution de ce travail.*

L'Empereur, ai-je ajouté, avait toujours à cœur que la Compagnie donnât satisfaction aux désirs du Gouvernement ottoman. C'est dans ce but, surtout, qu'il avait accepté le rôle d'arbitre et rendu la sentence dont le Sultan avait reconnu l'équité et le caractère de décision suprême et définitive. L'Empereur avait mis à son tour le plus grand empressement à entrer dans les vues du Sultan, et, la lettre qu'il en avait reçue lui ayant donné toute certitude que la nomination d'une Commission pour fixer les terrains nécessaires à la Compagnie terminerait immédiatement et d'une manière absolue toutes les difficultés, il avait adhéré à la formation de cette Commission, ayant l'assurance qu'aussitôt après qu'elle aurait terminé son travail, la sanction promise par le Sultan serait immédiatement accordée. Le Sultan m'a répondu de la manière la plus aimable et la plus affable. Il a dit, à plusieurs reprises, qu'il remerciait infiniment l'Empereur d'avoir bien voulu adhérer à sa proposition; qu'il avait toujours eu et aurait toujours la plus entière confiance dans les sentiments d'équité de l'Empereur ; *qu'il partageait entièrement sa manière de voir sur l'importance d'une communication maritime entre les deux mers et sur les avantages qui en résulteraient pour le commerce en général.* Sa Majesté a daigné ajouter qu'*elle appréciait les efforts que j'avais faits* pour aplanir les difficultés inhérentes à cette question, et qu'elle était heureuse de l'occasion qui s'offrait à elle de m'en témoigner sa satisfaction.

J'ai donc lieu d'espérer que la conclusion de l'affaire du canal ne rencontrera plus désormais aucun obstacle sérieux.

Veuillez agréer, etc.　　　　　　　MOUSTIER.

L'Ambassadeur de France à Constantinople au Ministre des Affaires étrangères.

Péra, le 9 août 1865.

Monsieur le Ministre, je tenais beaucoup à ne pas quitter Constantinople sans avoir entre les mains le projet de contrat à intervenir entre le Vice-Roi d'Égypte et M. de Lesseps, projet que j'avais préparé cet hiver avec Aali-Pacha et M. de Lesseps, et que j'ai, dans le temps, envoyé à Votre Excellence. Le Ministre des Affaires étrangères vient de me communiquer, à titre confidentiel, son texte revisé, et j'ai l'honneur de vous l'envoyer. Ce projet, qui n'a pas reçu encore l'approbation du Conseil des Ministres, et qui n'a point par conséquent un caractère définitif, ne me paraît pas à première vue différer essentiellement du mien. Je n'ai pas le temps d'exa-

miner avant mon départ l'importance des modifications proposées par Aali-Pacha, mais j'ai prescrit à
M. de Bonnières de faire envoyer une copie de ce
projet au Consul général de l'Empereur à Alexandrie, *en le priant de le soumettre à M. de Lesseps,
qui pourra ainsi faire parvenir, un moment plus tôt,
ses observations au Département et à l'Ambassade
de Constantinople.* Je crois qu'il est important de ne
pas perdre de temps pour arrêter d'une manière définitive le projet de contrat, avant que de nouveaux
incidents puissent se produire. Il serait bon de ne pas
s'attacher à faire modifier dans le projet que m'a
remis Aali-Pacha ce qui n'aurait pas une sérieuse
importance.

Veuillez agréer, etc.   MOUSTIER.

---

*Le Ministre des Affaires étrangères à l'Ambassadeur
de France à Constantinople.*

Paris, le 10 novembre 1865.

Monsieur le Marquis, *j'apprends avec plaisir
qu'Aali-Pacha vous a montré le désir de terminer le
plus tôt possible l'affaire du canal de Suez.* Vous ne
manquerez pas certainement de répondre à ces bonnes
dispositions et de les mettre à profit pour obtenir les
modifications convenables au projet de contrat proposé en dernier lieu par le Gouvernement ottoman.
Vous avez eu occasion, pendant votre séjour à Paris,
de connaître les principales objections que ce projet
a provoquées de la part du Conseil d'administration
de la Compagnie, et de prendre note de celles dont
il y a lieu de tenir compte. Je vous prie, en me ré-

férant sur ce point à ma correspondance antérieure, d'appeler l'attention d'Aali-Pacha sur la nomination du commissaire qui représentera le Gouvernement ottoman dans la Commission chargée d'établir les limites des terrains qui devront rester à la Compagnie.

Agréez, etc. DROUYN DE LHUYS.

L'Ambassadeur de France à Constantinople au Ministre des Affaires étrangères.

Péra, le 22 novembre 1865.

Monsieur le Ministre, je vous remercie *d'avoir bien voulu me donner communication des observations que le Conseil d'administration de la Compagnie de Suez a cru devoir faire* au projet de contrat proposé par la Porte. Je prépare en ce moment un nouveau projet qui puisse avoir l'adhésion *de la Porte, de la Compagnie et du Gouvernement de l'Empereur.* En attendant, *je m'étudie à entretenir les Ministres* du Sultan *dans les bonnes dispositions qu'ils manifestent,* depuis quelque temps, *à l'égard du canal de Suez.*

Veuillez agréer, etc. MOUSTIER.

L'Ambassadeur de France à Constantinople au Ministre des Affaires étrangères.

Péra, le 29 novembre 1865.

Monsieur le Ministre, Server-Effendi, conseiller du Ministère du commerce et président de la municipalité du sixième cercle, qui a été un moment désigné pour remplacer Kalil-Bey, en qualité de Ministre plénipotentiaire à Pétersbourg, vient définitivement d'être nommé Commissaire du gouvernement ottoman pour l'affaire du canal de Suez. Server-Effendi, qui a été, dans le temps, premier secrétaire d'ambassade à Paris et à Pétersbourg, est un homme éclairé et très-conciencieux. Nous n'avons jamais eu qu'à nous louer des rapports que nous avons entretenus avec lui, et, pour ma part, je le considère comme un des plus capables parmi tous les fonctionnaires turcs. Ce choix intelligent fait honneur au Gouvernement ottoman *et témoigne d'un désir évident de nous être agréable.*

Veuillez agréer, etc. Moustier.

L'Ambassadeur de France à Constantinople au Ministre des Affaires étrangères.

Péra, 5 décembre 1865.

Monsieur le Ministre, j'ai informé Aali-Pacha de la nomination de MM. Lebasteur et Mallet en qualité de Commissaires du Gouvernement de l'Empereur et de la Compagnie pour la question des terrains qui devront rester à la Compagnie universelle du Canal de Suez. Le Ministre des Affaires étrangères, en me confirmant que le choix de la Porte s'était arrêté sur Server-Effendi, m'a donné l'assurance que cet agent serait prochainement en mesure de se rendre en Égypte.

Veuillez agréer, etc. Moustier.

---

*L'Ambassadeur de France à Constantinople au Ministre
des Affaires étrangères.*

Péra, le 14 décembre 1865.

Monsieur le Ministre, j'ai reçu en son temps la dépêche que Votre Excellence m'a fait l'honneur de m'adresser le 10 novembre dernier, et *j'ai lu avec la plus sérieuse attention la note de M. de Lesseps* renfermant les objections que le projet de contrat proposé par la Sublime Porte a provoquées de la part du Conseil d'administration de la Compagnie de Suez.

Tenant compte de ces observations, j'ai fait rédiger un contre-projet dans lequel je me suis appliqué, avant tout, à reproduire les termes mêmes de la sentence arbitrale. Ce contre-projet a paru complétement satisfaire Aali-Pacha, auquel j'en ai donné connaissance. J'ai donc lieu de penser que nous sommes arrivés au terme de cette phase de la négociation concernant le canal de Suez. Le Commissaire de la Porte se disposant, d'un autre côté, à partir pour l'Egypte, on peut espérer que, dans un avenir prochain, on atteindra la solution définitive que nous poursuivons depuis si longtemps. J'aurai l'honneur de transmettre à Votre Excellence copie de mon contre-projet, aussitôt que le Ministre des Affaires étrangères m'aura annoncé que ses Collègues n'ont, comme lui, aucune objection à y faire.

Veuillez agréer, etc. MOUSTIER.

L'Ambassadeur de France à Constantinople au Ministre des Affaires étrangères.

Péra, le 20 décembre 1865.

Monsieur le Ministre, j'ai l'honneur d'adresser à Votre Excellence copie du travail que j'ai remis à Aali-Pacha, au sujet du contrat à intervenir entre le Vice-Roi d'Égypte et la Compagnie de l'Isthme de Suez.

Je me plais à croire que cette nouvelle rédaction recevra la complète approbation de Votre Excellence. Aali-Pacha y a donné son adhésion personnelle, mais il n'a pu encore la communiquer à ses collègues, qui ne feront, je l'espère du moins, aucune difficulté de l'adopter également.

Le Président-fondateur de la Compagnie se trouvant en ce moment en Égypte, je crois opportun, pour gagner du temps, d'envoyer directement à notre Agent et Consul général copie de cette dépêche et de son annexe, *afin de le mettre*, un moment plus tôt, *en mesure de connaître l'impression de M. de Lesseps.*

Je prie Votre Excellence de vouloir bien me faire savoir à quelle époque MM. Lebasteur et Mallet se rendront en Égypte, afin que je puisse hâter le départ du Commissaire ottoman. Il serait peut-être utile de profiter des dispositions bienveillantes que le Vice-Roi témoigne en ce moment au Président-fondateur, grâce à l'intervention de M. Max. Outrey, pour que la Commission commençât immédiatement ses travaux.

Veuillez agréer, etc. MOUSTIER.

Le Ministre des Affaires étrangères à l'Ambassadeur de France à Constantinople.

Paris, le 29 décembre 1865.

Monsieur le Marquis, *je vais faire examiner le nouveau projet de contrat* qui doit, comme conséquence de la sentence arbitrale de l'Empereur, intervenir entre le Vice-Roi d'Égypte et la Compagnie universelle du Canal de Suez ; *je vous transmettrai les observations auxquelles cet examen aura donné lieu* aussitôt que le Consul général de Sa Majesté à Alexandrie, à qui vous avez eu soin d'envoyer directement le même projet, *m'aura mis en mesure de connaître l'opinion de M. de Lesseps.*

M. Mallet et M. Lebasteur ont l'intention d'arriver en Égypte vers le milieu du mois prochain. Je vous informerai par le télégraphe du jour de leur départ dès qu'il sera fixé.

Agréez, etc. DROUYN DE LHUYS.

———

L'Ambassadeur de France à Constantinople au Ministre des Affaires étrangères.

Péra, le 3 janvier 1866.

Monsieur le Ministre, Aali-Pacha, après en avoir conféré avec ses collègues, m'a annoncé qu'il n'avait aucune observation à faire au projet de contrat que je lui ai soumis au sujet du canal de Suez, et que j'ai eu l'honneur de transmettre à Votre Excellence, sauf une légère modification que j'ai acceptée.

Veuillez agréer, etc. MOUSTIER.

———

*L'Ambassadeur de France à Constantinople au Ministre
des Affaires étrangères.*

Péra, le 17 janvier 1866.

Monsieur le Ministre, j'ai l'honneur de vous transmettre ci-joint la dépêche que je reçois de notre Agent et Consul général à Alexandrie.

Il m'annonce que le projet de contrat que j'avais préparé a reçu l'approbation de M. de Lesseps, comme il avait reçu celle d'Aali-Pacha. J'éprouve une satisfaction qui dépasse véritablement mes espérances d'avoir enfin réussi à établir sur un point aussi important l'accord entre le directeur de la Compagnie et la Sublime Porte. J'espère que, de son côté, le Vice-Roi ne fera aucune objection *à la rédaction que j'ai proposée.* Son adhésion réduirait en effet aujourd'hui toute la question au résultat du travail de la Commission, résultat qui s'intercalerait dans les espaces que j'ai laissés en blanc de mon projet de contrat. Quant aux réserves que M. de Lesseps a cru devoir faire relativement au travail de la Commission, elles ne sont pas de la compétence de l'Ambassade de France à Constantinople, et je ne doute pas que Votre Excellence, dans le cas où une difficulté surgirait de ce côté, ne réussisse à amener la Compagnie de Suez à se rallier aux conclusions que le Gouvernement de l'Empereur adopterait.

Tout ce que j'ai pu faire, et je l'ai fait, c'est d'engager Aali-Pacha à donner à son Commissaire les instructions les plus larges et les plus conciliantes. Il partira samedi prochain 20 janvier, comme je vous l'annonce par le télégraphe.

Veuillez agréer, etc.   Moustier.

M. Max Outrey, Agent et Consul général de France à Alexandrie, à l'Ambassadeur de France à Constantinople.

Alexandrie, le 7 janvier 1866.

Monsieur le Marquis, j'ai reçu avec ses annexes la dépêche que Votre Excellence m'a fait l'honneur de m'adresser le 21 du mois dernier.

Mon premier soin a été de me mettre en rapport avec M. de Lesseps, qui a bien voulu venir jusqu'à Alexandrie pour recevoir les communications que j'avais à lui faire. *Après lui avoir donné lecture, à titre confidentiel,* des deux dépêches de Votre Excellence, *nous avons examiné,* avec la plus scrupuleuse attention, *les différents points du projet pouvant donner lieu à des observations.* Les articles relatifs à la juridiction ont surtout été longuement discutés entre nous. Le Président avait une grande répugnance à accepter la clause qui laisse aux tribunaux l'examen des différends pouvant surgir entre la Compagnie et le Gouvernement égyptien, mais il a fini par reconnaître qu'il ne pouvait pas en être autrement et que, la Compagnie étant égyptienne, les lois du pays seules lui étaient applicables dans le cas spécifié par le paragraphe 3 de l'article 8.

Un autre point qui a éveillé l'attention de M. de Lesseps est celui où il est parlé des terrains laissés à la disposition de la Compagnie en vertu de l'accord à intervenir entre les parties. Il n'admet pas que la Commission puisse diminuer en quoi que ce soit les droits établis par la sentence arbitrale, et, en conséquence, il aurait voulu que les chiffres énoncés par cette sentence eussent été reproduits tels quels. Le Président-fondateur a dû reconnaître également que personne n'était autorisé à préjuger les décisions de la Commission, et qu'il était impossible d'indiquer les terrains adjugés définitivement à la Compagnie avant que la délimitation en eût été faite. Il est évident que, si l'on n'arrive pas à s'entendre sur ce point, l'article qui a pour but de constater l'accord intervenu ne pourra être complété par des chiffres, et tout sera laissé en suspens.

M. de Lesseps, ayant désiré examiner le projet à tête reposée, l'a emporté chez lui hier au soir, et ce matin il est revenu me voir et m'a déclaré qu'il était prêt à donner son adhésion à tout ce qui y était stipulé en termes formels, mais en réservant son opinion pour les parties laissées en blanc. Il m'a, en conséquence, autorisé à annoncer à Votre Excellence qu'il était disposé à recommander à l'adoption du Conseil d'administration le projet tel qu'il est présenté aujourd'hui, c'est-à-dire pour ce qui y existe, mais pas pour ce qui doit y être intercalé. En d'autres termes, il ne veut pas s'engager par anticipation à accepter la délimitation telle qu'il conviendra à la Commission de la fixer.

Il m'a chargé, à plusieurs reprises, d'exprimer à Votre Excellence toute sa reconnaissance pour le soin avec lequel il a été tenu compte de toutes les observations contenues dans son mémoire du mois d'octobre et pour la lucidité apportée dans la dernière rédaction.

Ainsi donc, Monsieur le Marquis, nous pouvons

considérer dès aujourd'hui le projet de Convention comme étant accepté, sauf la partie qui est soumise à l'examen de la Commission. C'est déjà un point très-important acquis au débat. Si les quatre délégués tombent d'accord, toute la question sera résolue, et il n'y aura plus de difficultés à ce que la convention soit signée. Si, au contraire, il y a divergence d'opinion, il faudra songer au moyen d'aviser, soit à une transaction, soit à la nomination d'un sur-arbitre.

Tous mes efforts vont tendre à obtenir que le Vice-Roi ne se montre pas trop exigeant et qu'il laisse à son délégué une certaine liberté d'action.

Il me paraît difficile, après la lutte passionnée qui a eu lieu depuis dix-huit mois sur la question des terrains, que la Commission donne entière satisfaction aux désirs de M. de Lesseps, c'est-à-dire qu'elle se borne purement et simplement à délimiter les dix mille hectares réservés par la sentence impériale.

, Cependant le Président-fondateur paraît décidé à ne rien céder sur ce point. Il prétend que l'on ne peut porter aucune atteinte directe ou indirecte à des droits acquis, et que le Gouvernement de l'Empereur lui-même, tout en consentant à concourir à la formation d'une Commission spéciale, a reconnu ce principe, puisque la lettre par laquelle la Compagnie a été engagée à nommer un délégué ne parle que d'une délimitation de terrains en exécution de la sentence arbitrale.

Le Président-fondateur, à l'appui de cette assertion, m'a remis copie de la lettre qui lui a été écrite par S. Exc. le Ministre des Affaires étrangères et de la pétition qu'il avait adressée lui-même à l'Empereur le 21 octobre dernier.

Pour être en mesure de discuter avec connaissance de cause au milieu des incidents qui vont probablement se produire dans cette négociation délicate, il me paraît nécessaire de connaître les localités. Dans ce but, je vais aller faire une tournée rapide dans l'isthme. Je pars demain matin avec M. de Lesseps et je serai au Caire le 16 de ce mois, de façon à voir M. Lebasteur, dès son arrivée dans cette ville.

Veuillez agréer, etc.　　　　MAX. OUTREY.

Le Ministre des Affaires étrangères à l'Agent et Consul général de France à Alexandrie.

Paris, le 18 janvier 1866.

Monsieur, j'ai vu avec plaisir, en prenant connaissance de la dépêche par laquelle vous rendez compte à l'Ambassadeur de Sa Majesté à Constantinople des pourparlers que vous avez eus avec M. de Lesseps, que le Président du Conseil d'administration de la Compagnie de l'Isthme donne son adhésion au nouveau projet de contrat que M. le Marquis de Moustier vous avait chargé de lui communiquer. Il est très-probable, d'après les documents qui ont été déjà produits à l'occasion de l'arbitrage de l'Empereur, que les Commissaires maintiendront tout au moins le chiffre de dix mille hectares, fixé par la sentence de Sa Majesté ; mais il a été entendu que la mission qui leur est confiée n'est pas une délimitation pure et simple, et qu'ils ont à procéder à une évaluation dont le résultat final peut être au-dessus ou au-dessous de ce même chiffre. Le Commissaire désigné par mon département, de concert avec celui des travaux publics, a reçu des instructions dans ce sens, et j'ai lieu de croire que le Commissaire désigné par la Compagnie elle-même agira à cet égard tout à fait d'accord avec son collègue.

Recevez, etc. DROUYN DE LHUYS.

L'Agent et Consul général de France à Alexandrie au Ministre des Affaires étrangères.

Caire, le 1er février 1866.

Monsieur le Ministre, je m'empresse d'annoncer à Votre Excellence une nouvelle qui ne peut manquer de lui être agréable. Toutes les difficultés relatives à l'isthme viennent d'être résolues de la façon la plus satisfaisante par une convention spéciale intervenue entre le Vice-Roi et M. de Lesseps.

Le Vice-Roi a pris l'initiative d'une démarche auprès de moi pour obtenir de M. de Lesseps la cession du domaine du Ouady qui avait été acheté de Saïd-Pacha. Malgré toute la répugnance que le Président avait eue jusqu'à ce jour à discuter cette question, il a fini par m'autoriser à déclarer qu'il acceptait le principe de la cession, mais qu'il ne pourrait consentir à se défaire de cette immense propriété qu'en échange de larges compensations. Cette déclaration a été le point de départ d'une négociation qui vient de se terminer par la conclusion d'une convention entre les deux parties.

En voici le résumé : Le Gouvernement égyptien

occupera, sur les terrains réservés à la Compagnie, tous les points stratégiques qu'il jugera nécessaires à la défense du pays.

Tout particulier aura la faculté, moyennant autorisation préalable du Gouvernement, de s'établir sur ces mêmes terrains en se soumettant aux lois, règlements, etc., etc.

Le canal d'eau douce est livré dès aujourd'hui, avec tous les terrains qui en dépendent, au Gouvernement égyptien, qui s'engage à l'entretenir et à faire les plantations nécessaires au lieu et place de la Compagnie. Les bâtiments construits sur le parcours de ce canal seront rachetés au prix de revient, et la Compagnie aura la faculté de les louer à un taux déterminé.

Le domaine du Ouady est cédé au Vice-Roi au prix de 10 millions de francs.

En compensation de ces concessions faites par la Compagnie, le Gouvernement égyptien paiera en 1866 les 10 millions dus pour le rachat du canal d'eau douce, d'après la sentence arbitrale, et les 10 millions stipulés pour le Ouady.

Les sommes formant le solde de l'indemnité consentie par le Gouvernement égyptien et exigibles postérieurement au 1er novembre 1866, soit ensemble 57,750,000 francs, seront payées à la Compagnie, à dater du 1er janvier 1867 jusqu'au 1er décembre 1869, en trente-six paiements égaux et mensuels de 1 million 604,166 francs, opérés le 1er de chaque mois.

Cette convention est très-avantageuse pour les deux parties. En effet, le Gouvernement égyptien a conservé tous ses droits de souveraineté le long du canal maritime; il prend possession complète et immédiate du canal d'eau douce et des terrains cultivables; eufin, le Ouady, ce domaine important, rentre dans le droit commun de l'Égypte. Il va être rejoint à Bulbeis par un chemin de fer qui bifurquera un peu au delà de Tell-el-Kebir pour aller rejoindre d'un côté Ismaïlia et de l'autre Suez. *C'est, en réalité, une nouvelle province acquise à l'Egypte, et, si l'on est juste, on ne peut pas méconnaître que cette conquête a été faite par la Compagnie de l'isthme, qui a porté la vie dans une région naguère abandonnée.*

Quant à la Compagnie, elle doit également se réjouir de la nouvelle convention. D'abord elle a écarté toutes les causes de difficultés qui pouvaient et qui devaient même surgir à chaque instant entre elle et le Gouvernement égyptien.

M. de Lesseps a donc été sage en abandonnant des avantages très-problématiques et lointains pour des avantages réels et immédiats. En ramenant les échéances des 57 millions à trois ans au lieu de quatorze, il fait un bénéfice de 15 à 18 millions, m'assure-t-on, et, ce qui est le plus important, il se met en mesure de faire face aux nombreux engagements contractés avec les entrepreneurs. En d'autres termes, *il se trouve avec un actif de plus de 150 millions de francs, qui assure la marche des travaux jusqu'en 1869.* Si à cette époque le canal n'est pas achevé, il sera tellement avancé qu'il deviendra facile de pourvoir à tous les besoins financiers.

Je ne crois pas nécessaire de dire à Votre Excellence *combien cette solution,* obtenue après dix ans de luttes, *a eu de retentissement dans le pays. Tout le monde applaudit* à un arrangement faisant disparaître les causes d'antagonisme qui ont jeté tant de troubles en Égypte et dans la politique européenne.

Dès la signature de la convention, qui a eu lieu le 30, à 11 heures du soir, le Vice-Roi a désiré me voir. Il m'a remercié chaleureusement d'avoir préparé cette solution, en changeant l'état de l'atmosphère, pour me servir de ses propres expressions, et *il m'a prié de dire à Votre Excellence combien il était heureux d'avoir pu écarter toute cause de mésintelligence avec le Gouvernement de l'Empereur.* Il tient à ce que je fasse ressortir la loyauté avec laquelle il a tenu la promesse faite, par mon intermédiaire, de se montrer conciliant et bienveillant à l'égard de l'isthme.

Le jour même où je l'ai vu, il a fait appeler le colonel Stanton pour lui donner connaissance de la nouvelle Convention. Mon collègue d'Angleterre l'a chaleureusement félicité et m'a exprimé à moi-même toute sa satisfaction.

Les deux premiers articles de la Convention ôtent toute importance à la question de délimitation. Aussi est-on d'accord pour accepter, quel qu'il soit, le travail des délégués. La Commission est actuellement dans l'isthme, et je suppose que, dans huit jours, elle aura accompli sa tâche. Il n'y aura plus qu'à transcrire ses conclusions dans le contrat général.

Le projet élaboré à Constantinople va naturellement subir quelques modifications. Il y aura lieu de supprimer les articles relatifs au canal d'eau douce et ceux relatifs aux échéances, en y substituant les clauses de la nouvelle Convention.

Veuillez agréer, etc.   MAX. OUTREY.

———

L'Ambassadeur de France à Constantinople au Ministre des Affaires étrangères.

Péra, le 14 février 1866.

Monsieur le Ministre, le Consul général de l'Empereur en Égypte m'a transmis la copie de la convention signée, le **30** janvier, par le Vice-Roi d'Égypte et M. de Lesseps, et qui écarte d'une manière définitive toutes difficultés concernant le canal de Suez. Je me suis empressé de faire des démarches auprès de la Porte afin de connaître sa manière de voir à ce sujet. Aali-Pacha, qui avait reçu des informations directes du Vice-Roi, s'est montré on ne peut plus satisfait de cette convention et s'est félicité sincèrement avec moi de ce résultat.

Le Ministre des Affaires étrangères a exprimé le désir, ainsi que je l'ai mandé par le télégraphe à Votre Excellence, que les clauses de cette nouvelle convention fussent intégralement insérées dans le contrat que j'ai préparé et qui a été accepté par toutes les parties. *M. de Lesseps, n'attachant pas une grande importance à l'idée qu'il a émise d'annexer simplement cette convention au contrat* qui doit recevoir la sanction du Sultan, j'ai prescrit, par le télégraphe, à M. Outrey de se ranger à l'opinion du Vice-Roi et d'Aali-Pacha. Les commissaires devant promptement achever leurs travaux, j'espère apprendre très-prochainement que le Vice-Roi et M. de Lesseps ont signé le contrat définitif, *et que nous sommes arrivés au terme d'une négociation qui dure depuis douze ans.*

Veuillez agréer, etc.   Moustier.

Le Ministre des Affaires étrangères à l'Ambassadeur de France à Constantinople.

Paris, le 28 février 1866.

Monsieur le Marquis, votre télégramme du 22 février et une dépêche de M. Outrey m'apprennent que le contrat général relatif au percement de l'isthme de Suez a été signé au Caire, le 21, entre le Vice-Roi et le Président-fondateur de la Compagnie.

Vos derniers rapports ne me laissent aucun doute sur l'intention du Sultan de donner sa sanction au contrat; mais je ne veux pas attendre que vous m'en ayez transmis la nouvelle pour vous exprimer *combien j'ai été satisfait de ce résultat, qui est dû, pour une si grande part, à votre intervention entre les parties intéressées.*

Agréez, etc.   Drouyn de Lhuys.

L'Agent et Consul général de France en Égypte au Ministre des Affaires étrangères.

Alexandrie, le 26 février 1866.

Monsieur le Ministre, les deux télégrammes que j'ai eu l'honneur d'adresser à Votre Excellence, les 19 et 22 de ce mois, lui ont appris la solution complète et définitive, cette fois, des affaires de Suez.

Les procès-verbaux, ainsi que les décisions, ont été signés le 19 au soir. Le 22, le contrat général, modifié dans le sens indiqué par la Porte, et conformément aux instructions que j'avais reçues de l'Ambassade, a été également signé par le Vice-Roi et M. de Lesseps. J'ai l'honneur d'envoyer ci-joint à Votre Excellence copie de ce contrat, ainsi que des procès-verbaux de la Commission.

Veuillez agréer, etc.   M. Outrey.

L'Ambassadeur de France à Constantinople au Ministre des Affaires étrangères.

Péra, le 28 mars 1866.

Monsieur le Ministre, j'ai l'honneur d'envoyer ci-joint à Votre Excellence la traduction du préambule et du final du firman que le Sultan adresse au Vice-Roi d'Égypte pour donner sa sanction à l'œuvre du canal. Ce document, qui clôt d'une manière définitive et irrévocable cette importante affaire, est conçu, ainsi que Votre Excellence le remarquera, dans les termes les plus satisfaisants.

Moustier

Firman concernant le canal de Suez

Mon Illustre Vizir Ismaïl-Pacha, Vice-Roi d'Égypte, ayant rang de Grand Vizir, décoré de l'Osmanié et du Medjidié de 1re classe en brillants.

La réalisation du grand œuvre destiné à donner de nouvelles facilités au commerce de la navigation par le percement d'un canal entre la Méditerranée

et la mer Rouge étant l'un des événements les plu
désirables de ce siècle de science et de progrès, de
conférences ont eu lieu depuis un certain temp
avec la Compagnie qui demande à exécuter ce travail, et elles viennent d'aboutir d'une façon conforme pour le présent et pour l'avenir aux droit
sacrés de la Porte comme à ceux du Gouvernemen
égyptien.

Le contrat, dont ci-après la teneur des articles er
traduction, a été dressé et signé par le Gouvernement égyptien, conjointement avec le représentan
de la Compagnie ; il a été soumis à notre sanctior
impériale, et, après l'avoir lu, nous lui avons donné
notre acceptation.

(Suit, *in extenso*, le contrat signé au Caire le 21 février 1866.)

Le présent firman, émané de notre Divan Impérial,
est rendu à cet effet que nous donnons notre autorisation souveraine à l'exécution du canal par la-
dite Compagnie aux conditions stipulées dans ce
contrat, comme aussi au règlement de tous les ac-
cessoires selon ce contrat et les actes et conventions
y inscrits et désignés, qui en font partie intégrante.

Donné le 2 Zilqydé de 1282 (19 mars 1866).

---

*Le Ministre des Affaires étrangères à l'Ambassadeur de
France à Constantinople.*

Monsieur le Marquis, j'ai pris connaissance du
firman adressé par la Porte à S. A. le Vice-Roi d'É-
gypte, et par lequel le Sultan accorde sa sanction à l'œuvre du canal de Suez. Je me plais à y

trouver un témoignage de l'approbation éclairée que Sa Hautesse donne à cette grande entreprise, et de son sincère désir d'en favoriser désormais l'accomplissement. *Nous ne pouvons que nous montrer satisfaits d'une solution si conforme aux vues du Gouvernement de l'Empereur.*

Agréez, etc.   DROUYN DE LHUYS.

IMPRIMERIE CENTRALE DES CHEMINS DE FER.
A. CHAIX ET Cᵉ, RUE BERGÈRE, 20, A PARIS. — 2672